Table of Contents

یوارڈز اور اعزازات

ایمیزون بیسٹ سیلر کتاب
قارئین کا پسندیدہ سلور میڈل
انٹرنیشنل بک ایوارڈز (ABF) شارٹ لسٹ
انڈیز ٹوڈے بک ایوارڈ کو شارٹ لسٹ کیا گیا۔
لٹریری ٹائٹن بک ایوارڈ شارٹ لسٹ کیا گیا۔
نیویارک بک فیسٹیول شارٹ لسٹ

عنوان۔
ایک دل ۔ بہت سے ٹوٹے۔

مصنف۔
سندیپ کمار مشرا

کور اور دیگر آرٹ ورک۔
سندیپ کمار مشرا

مثال۔
ہیتل مشرا (عمر 10)

پبلشر۔
انڈین پوئٹری ریویو پریس کے لیے روکیش کے شرما

مترجم۔
عبدالرحمن شفیق
Abdul Rahman Shafiq

پبلشر

Tektime
Edition-1/Aug 30, 2022

اس اشاعت کے کسی بھی حصے کو کسی بھی شکل میں یا کسی بھی طرح سے، الیکٹرانک یا میکینیکل، بشمول فوٹو کاپی، ریکارڈنگ یا معلومات کے ذخیرہ کرنے اور بازیافت کرنے کا کوئی بھی نظام، ناشر کی تحریری اجازت کے بغیر، دوبارہ تیار یا منتقل نہیں کیا جا سکتا، سوائے اس کے۔ ایک جائزہ لینے والا جو میگزین، اخبار یا نشریات میں شامل کرنے کے لیے لکھے گئے جائزے سے متعلق مختصر اقتباسات کا حوالہ دینا چاہتا ہے۔

شعری مجموعے کے بارے میں

اس زندگی میں ایک یقینی بات یہ ہے کہ ہم سب کسی نہ کسی وقت مایوس ضرور ہوں گے۔ جب ہم کسی ایسے شخص کو پڑھتے یا دیکھتے ہیں جس کی قسمت ہمدردی ہوتی ہے یا اس کے بارے میں پڑھنے یا بات کرنے میں تسلی حاصل کرنے کی کوشش کرتے ہیں۔ اسی مجموعہ کے ساتھ لاگو ہوتا ہے۔ نظمیں موضوع کے لحاظ سے ہیں۔ ان میں سے زیادہ تر ذاتی جذبات اور ان حالات کی شاعرانہ عکاسی ہیں جن میں وہ ڈالے گئے تھے۔ نظمیں 20 سال کی زندگی کے واقعات کا احاطہ کرتی ہیں اور ان کے حالات کی واضح، سچے اور صاف احساسات اور واضح حقیقت کا اظہار ہیں۔ وہ بطور شاعر اس کا سفر بھی دکھاتے ہیں۔ اس مجموعے کی نصف سے زیادہ نظمیں پچھلے 5 سالوں میں مختلف رسالوں میں پرنٹ یا ڈیجیٹل میں شائع ہوئی ہیں۔

میری زندگی

ذاتی

میں نے ایک سمندر پینٹ کیا۔
میری گیلری
دریا کی موت
مجھے مزید درد لاؤ
ایک روح کا گھونٹ
فروخت پر سونا
میں خودکشی کرنے میں کیوں ناکام رہا؟
میری بیوی کو خط

خاندان

میرے آنگن میں ایک درخت
سیکیپ
وہ شاعری میں چلتی ہے۔
ایک فلیش فکشن
ایک رینبو میموری
میری ماں
میرے ابو
میری بہن

معاشرہ

ہسپتال کا دورہ
کورونا ۔ ووررونا کے دن ۔ طریقے
میرا شہر
شہر کی زندگی
چھوٹی نظمیں۔

جب آپ ان کا دکھ خریدتے ہیں۔
عروج کی علامت!

دنیا

ہم تیسری دنیا ہیں۔
یہ ایج ایئر
سٹیج ڈرامہ
جدید ہونا
حقیقت
کتابیں

فطرت

پہلا مون سون
کنکریاں
اے ستارے!
الہی شام
موسم سرما
میرا کاٹیج
مارننگ ایکسٹیسی

کائنات

امید
اثر کے بعد
ڈی برانچ شدہ یا نہیں؟
اندر کی آواز
سورج کی توانائی سے لطف اٹھائیں۔
خوبصورتی Beatitude :
مجھے اب بھول جاؤ

زمین میں اترنا

وہ بزرگ سال

کثرتیت کی یکسانیت

میں نے ایک سمندر پینٹ کیا۔

میں نے ایک سمندر پینٹ کیا۔
لیکن ساحل بھول گئے
جہاز نہیں تھے
میں نے قریب سے دیکھا تو
یہ میری تنہائی کا سفر تھا۔
سمندر کی لہروں کی طرح

میں نے صدیوں تک اکیلے تلاش کیا۔
میرے سفر میں مسافروں کو شامل کر،
پھر بھی واحد میں اس فانی ڈیک پر کھڑا ہوں۔

مجھے لنگر کے لیے ایک جزیرہ چاہیے،
جب میں ریڈیو پر کال کرتا ہوں،
یہ باہر کی طرف خاموش یک زبان ہو جاتا ہے،
سے جواب آتا ہے
اندر کی گونج

سے ہر سونامی کے ساتھ
کور کی سینہ
میں موتیوں کے بغیر کونلریڈ محسوس کرتا ہوں،
اگرچہ میرے پاس وسعت ہے۔
بحیرہ مردار لیکن لائٹ ہاؤس نہیں۔
زندگی کے شوق کا

میری گیلری

میرے جسم کے اوپری حصے میں ایک علمی گھنٹی بجتی ہے۔
لائیو تاروں کے ڈائل اپ کنکشن سے،
موڈیم صرف کام کر رہا ہے۔
بار بار فیکسمائل فراہم کرنا
بنجر اور گنجے خاندانی راستوں کا

روزانہ مال بردار کوائلنگ کی اندرونی لکڑی،
اوپر کی طرف لپکنا، کوئی جوش نہیں ہے۔
اہم قوت طفیلی ہو گئی ہے،
میں زندگی کی سانس کیسے لیتا ہوں؟

میرے دن رات ہیں۔
دماغی خلیے کے اندر بولڈ،
میری آواز رک گئی ہے،
یہ میری روح سے جھگڑا کرنے کا منصوبہ رکھتا ہے۔
میری اپنی کھوپڑی میں رہتا ہوں۔
اور میرے لہجے کی نقل کرتے ہوئے نوٹ لکھتا ہے۔
میں اپنی یاد کو منقطع نہیں کر سکا

جیسے میرا اُداس سایہ مجھے چھوڑ گیا ہو۔
باقی ہے بس میں، میں اور میں،
میرا دماغ بلیک ہول کیوں ہے؟
کیا یہ کائنات نہیں ہو سکتی؟
درد شقیقہ کے برج کا، گولیاں،
سرنج، کمر درد اور بے خوابی؟

خواب ایک مردہ نمونہ بن گیا ہے۔
جیواشم کی چمک کے طور پر ختم ہو گیا،
سب کچھ ایک جیسا ہو گیا ہے سوائے اس کے
اس کے نتیجے کا وزن
برداشت کی مختلف حالتیں ہیں۔

جیسا کہ میں تباہی سے گزر رہا ہوں۔
میرا عدم توازن ٹھیک ہو جائے گا،
میرے باقی فن کو دیوار پر لٹکا دو
جیسا کہ مقررہ وقت کے بعد میری گیلری ختم ہو جائے گی۔

دریا کی موت

میرا دماغی تار بوسیدہ راستوں کی تصویریں بناتا ہے۔
شارٹ سرکٹ کے بعد
روزمرہ کے بوجھ کے راستوں میں

میرا بیمار جسم اس کے ساتھ کانپ رہا ہے۔
سخت سلائی جلد کا وزن چھینا ہوا ملبہ،
Leeched کے طور پر زندگی کی طاقت کے
میرے پاس سانس لینے کی توانائی کم ہے،
میں جو آواز سنتا ہوں وہ میری اپنی نہیں ہے
یہ مانوس لہجے میں نوٹ لکھتا ہے۔
لیکن غیر ملکی فقروں سے بھرا ہوا،
جسے وہ دعوت کا بھیس دیتا ہے۔

کاش میں خود کو اس سے تحلیل کر سکتا
یاداشت یا میری کھوپڑی کے غار میں چھپ جاؤ،
لیکن دبانا عقلمندی نہیں
پھر ایک بے ساختہ قہقہہ آیا
سورج کی کرنوں میں ایک بہار ابھرتی ہے۔
دریاؤں کی موت سے ایک سمندر نکلتا ہے۔
زندگی جینے کے دو طریقے ہیں
میں مشکل کا پیچھا کر سکتا ہوں۔

مجھے مزید درد لاؤ

میں اس آبنوس کو انا کو بدلتے ہوئے دیکھنا چاہتا ہوں۔
جو مجھے میرے تباہ حال مستقبل میں لے جائے گا۔
یہ دیکھنے کے لیے کہ آیا بادلوں میں وقفہ ہے یا نہیں۔

انتظار نہیں! میں نے اپنا خیال بدل لیا ہے۔
کچھ غور و خوض کے بعد جیسا کہ ہو سکتا ہے۔
مجھے آنے والا اتار چڑھاؤ بھی دکھائیں۔
میں شاید سامنا نہ کر سکوں

میں اپنے ساتھ صلح کروں گا۔
تارپیڈو خواب، سپسموڈک دل،
غیر کثرت والی راتیں، بے چین دن،
اداس جسم اور تڑپتی ہوئی روح

اب میں سوراخ شدہ دھڑکن محسوس کر رہا ہوں۔
میرے دل کے وسط میں جب
زندگی مجھے اذیت دینے سے انکار کرتی ہے۔

روح کو گھونٹ دیں۔

میں صرف سیاہ ابر آلود پر ہی دیکھ سکتا ہوں۔
لامحدودیت کا سایہ ایک فریب دہی،
وجود کا ایک فریب،
بنی نوع انسان کی فضولیت کا فریب

آسمانی پردے کی چمک دمک دیتی ہے۔
ایک مستقل ڈیمنشیا،
پاگل پن کی اس حالت میں
اخلاقیات باطل ہو جاتی ہے۔
مخالف شکلیں ایک دوسرے کو نگل جاتی ہیں۔

میں درد کا سانس لیتا ہوں، میں خوف کا سانس لیتا ہوں۔
میں اس تاریک خاموشی کو حاصل کرنا چاہتا ہوں۔
جہاں تمام صورتیں غائب ہو جاتی ہیں
کیا مجھے گناہوں کا مزہ چکھنے کے لیے جینا چاہیے؟

مجھ میں ہمت نہیں ہے جب
میں جانتا ہوں کہ اس کا ذائقہ کڑوا ہے۔
ایک گری ہوئی لیکن پیاری روح کا گھونٹ لیں
۔

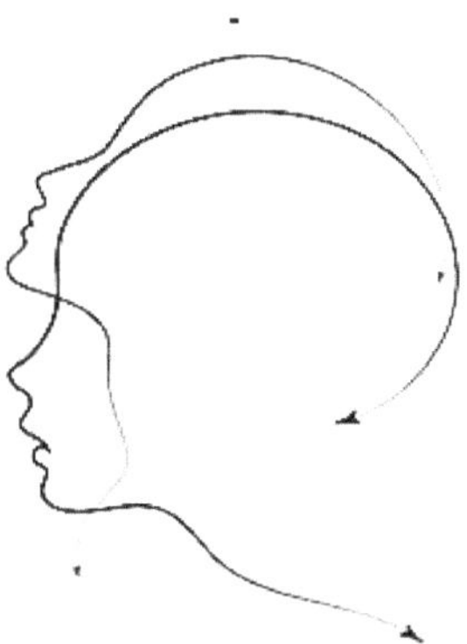

سلیپ آن سیل

ہر رات میں بیڈ ٹاؤن میں گھومتا ہوں۔
کچھ پرسکون لذتیں خریدنے کے لیے،
انسانی زندگی کے تاریک بھوت اسرار
مجھے فرار ہونے پر آمادہ کریں۔
جدوجہد اور کشمکش کا دن

میں اس بھول بھلیوں کی سرزمین جانے کو بے تاب ہوں
میں اس نامعلوم علاقے کا سراغ لگاتا ہوں لیکن
مجھے تھکا دینے کا کوئی راستہ نہیں مل سکتا،
جب ادھوری خواہشات بار بار منڈلاتے ہیں۔
میرا فینسی وسیع بیدار اس کے جال کو شاندار طریقے سے باندھتا ہے۔

نیند ایک خوابیدہ لڑکی ہے، مشک گلاب کی خوشبو ہے،
کوکو کی دھنیں، رومانس کا سکون،
فضل میں یہ خوبصورتیاں میں ہمیشہ پسند کرتا ہوں۔
لیکن ہر رات کا کام کافی دلکش ہوگا۔
کیونکہ بے خوابی میری محبت کی دلچسپی رہی ہے۔

دن مجھ سے ہمدردی کرتا ہے لیکن راتیں عذاب دیتی ہیں۔
میں اپنی بے تاب نیند بیچنے پر مجبور ہوں،
اگر کوئی خریدنے کو تیار ہے اور رونے کو تیار ہے۔

میں خودکشی کرنے میں کیوں ناکام رہا؟

جب تک ہم نے زبان کی لعنت کھیلی،
میرے رنگین طور پر شکایت کرنے والے جسم کے اوپری حصے میں،
درد شقیقہ کی گھنٹی بجتی ہے۔
ایک بند فیملی ڈائل اپ کنکشن
میرا ریڈیو دل کبھی کبھار پکڑتا ہے۔
قسم کی تعدد آرہی ہے۔
میری سپوتنک ماں سے باہر،
ذاتی روڈ میپ اب آف لائن ہے،
جب میں اکیلے پھٹے راستوں پر جاتا ہوں۔
ٹول شدہ تنہا سماجی سڑک کے ساتھ
اتنے حادثات کے بعد
روزمرہ کے بوجھ کے راستے

تمام مکینک پوائنٹ غیر فعال،
میری ٹرانجسٹر کی صلاحیت فطری طور پر سوئچ کرنے میں ناکام رہی
میرے اندر کی شخصیت کے اشارے
مزاحمت کرنے والا دماغ ناکام ہو گیا۔
غلط ٹرانسمیشن لائن کو ختم کریں۔
میرے والد اور ساتھی نے مجھے اندر رکھا

ناقص سماجی کیپیسیٹر نے میرے راستے میں رکاوٹ ڈالی،
میں اپنے اندر ذاتی فنکارانہ توانائی ذخیرہ نہیں کر سکا،
منفی اقتصادی چارج کے طور پر
میری زندگی کو منقطع کر دو
روزانہ سامان کی اندرونی لکڑی،
روٹی کمانے والے کوائل کر رہے تھے، اوپر کی طرف لپک رہے تھے،
ایک فنکار کے میرے فطری خواب کو الجھا دیا۔
دنیاوی رکاوٹوں کے بند دائرے میں

انہوں نے "نفی کا فریب" لگایا۔
میری مسدود شناختی رگوں میں،
اگرچہ میرے پاس کبھی بھی "جذبات کا سیلاب" نہیں تھا

میں اپنے چارج شدہ باطن کو کھا کر جینا چاہتا ہوں۔
اب ایک بلیک ہول، میں نے ایک بننے کا فیصلہ کیا۔
درد شقیقہ کے اس برج کے ساتھ، گولیاں،
سرنج، کمر درد اور بے خوابی کہ
کے ارد گرد ابھر کر سامنے آئے اور apocalypse لانے
اس حقیقی تباہی سے پہلے میری زندگی میں
کسی بیرونی شخص کی مداخلت کا اثر ہوا۔

لکڑی کی پرانی کرسی پر لگائی گئی،
چھت کے پنکھے کو دیکھ کر
میں نے بیوی کی سرخ "ساڑھی" چاروں طرف باندھ دی۔
میری منقطع گردن،
میں نے اپنی مسکراتی ہوئی بیٹی کا عکس دیکھا
عکس والے المیرہ میں
میرے دماغ کی لہریں کم ہو گئیں،
زندگی ہنگامہ خیز سمندری دل کے پار تیر گئی۔
میری شیطانی جبلت گہرائی میں ڈوب جاتی ہے۔
انسانی کمزوری کی وسعت
ساحلی زمینی جذبات کے خلاف،
ایک اندرونی لہر نے مجھے بے ہوش کر دیا۔

اس نے مجھے ایک اور لیبل دیا،
ایک بزدل جسے میں بیان بھی نہیں کر سکتا کہ کتنا غصہ ہے۔
میں مرنے والوں میں شامل نہیں تھا،
میرے پاس جو توانائی تھی وہ توانائی کی قسم ہے۔
مجھے زندہ رہنے کی ضرورت ہے اور میں نے اسے سمجھا

سورج کی کرنیں سیاہ بادل میں سے جھانکتی ہیں،
دریاؤں کی موت سے ایک سمندر نکلتا ہے
زندگی جینے کے دو طریقے ہیں
میں مشکل کا پیچھا کر سکتا ہوں۔

جیسا کہ ہم درمیان میں کھڑے ہیں: توازن ایکٹ کی ضرورت

(سالوں کی خود پسندی سے ہمیں کیا ملا)

میری پیاری بیوی کو ایک خط

عزیز

اگر میں آپ کو کچھ بتا سکتا ہوں یا آپ کو اپنے دل کے جذبات دکھا سکتا ہوں، تو یہ ہماری زندگی کا ایک بہت بڑا میک یا بریک پوائنٹ ہوتا۔ لیکن اب میں آپ کو ایک ذریعہ بتاتا ہوں جو میڈیا ہے۔

اگرچہ ہم 2003 سے ایک شادی شدہ جوڑے کے طور پر ایک ساتھ رہ رہے ہیں، لیکن ہماری ایک ناکام شادی ہے کیونکہ ہم روح کے ساتھی نہیں ہیں، یہاں تک کہ بعض اوقات ہم دشمنوں کی طرح کام بھی کرتے ہیں۔ کیا کسی سے پیار کرنا آسان ہے جو آپ سے پیار نہیں کرتا؟ حالانکہ ہم نے عہد کیا تھا کہ ہم واقعی ایک دوسرے سے محبت کریں گے۔ لیکن یہ ایک قسم کی "کک بیک محبت" ہے جسے محبت نہیں کہا جا سکتا بلکہ یہ ایک کاروباری معاہدہ ہے۔

ایک چیز مجھے حیران کرتی ہے کہ ہم اب بھی ساتھ ہیں۔ جیسا کہ آپ نہیں سنیں گے، میں نے اپنی خستہ حال روح کو ان نظموں میں پیش کیا ہے جو میں پچھلے تین سال سے لکھ رہا ہوں۔ میں نے ان میں سے کچھ سطریں استعمال کی ہیں تاکہ آپ کو اس تکلیف کا احساس دلایا جائے جس سے میں گزرا ہوں۔

"میں دیکھنا چاہتا ہوں کہ آبنوس انا کو بدل دیتا ہے۔
یہ مجھے میرے تباہ حال مستقبل کی طرف لے جائے گا۔
یہ دیکھنا کہ بادلوں میں کوئی وقفہ ہے یا نہیں"

جب مجھے تم سے پیار ہو گیا تو میں کچا بولا اور جب تم نے مجھ میں کچھ دلچسپی ظاہر کی تو میں پرجوش ہو گیا۔ مجھے کیسے پتہ چلے گا کہ جب میں کسی شخص کو پسند کرنے لگوں تو وہ زندگی بھر کی دشمن بن جائے گی؟ وقت کے ساتھ ساتھ حالات ایسے ہوتے جا رہے ہیں جس نے مجھے جذباتی اور

جسمانی طور پر کمزور کر دیا ہے۔

جب آپ کے کوے سے اُڑے ہوئے بالوں کی چھائیاں پھیلتی ہیں،
میں تیری گود میں آرام کرتا ہوں، رات آتی ہے، دن ڈھل جاتا ہے، تیرے عجائبات،
ہیزل آنکھیں مجھے سکون دیتی ہیں،
ہم اس وقت تک محبت کریں گے جب تک ستارے، آسمان، سمندر ہوں گے "

کیا ہم اتنے کمزور ہیں کہ ہم مختلف راستوں پر نہیں چل سکتے یا ہم ایک دن
معاملات کو حل کرنے کے لیے حد سے زیادہ پر امید ہیں؟ جیسا کہ ہم ایک
چھوٹے سے معاشرے میں رہتے ہیں اور روایات کے پابند ہیں اور ہو سکتا ہے کہ
معاشرے سے خوفزدہ ہو، ہم مسلسل تکلیف میں ہیں، لیکن اس امید پر ٹوٹنے سے
ہچکچاتے ہیں کہ کسی دن سب کچھ ٹھیک ہو جائے گا۔
لیکن یہ غلط فہمی ہمارے دونوں بچوں کو متاثر کر رہی ہے۔ حالات مجھ سے بہتر
ہو گئے ہیں اور میں ہر منٹ جہنم سے گزر رہا ہوں۔ جب میں پریشان ہوتا ہوں،
جیسا کہ ہر دوسرے دن ہوتا ہے، میں ان کے ساتھ بات چیت اور کھیل نہیں کرتا
ہوں۔ میں ان کے لیے برا باپ بن گیا ہوں۔ کبھی کبھی، میں معمولی غلطیوں پر
بھی انہیں تھپڑ مار دیتا ہوں۔ وہ مجھ سے دور ہوتے جا رہے ہیں۔ ان بے چاروں
کو ان کا اپنا کوئی قصور نہ ہونے کی وجہ سے تکلیف کیوں ہو؟

"کیا موت کے علاوہ بھی کوئی زندگی ہے؟
کیا آسمان کے پار کوئی راستہ ہے؟
ہم گناہگار ہیں،
لیکن معافی سے مشروط"

اس خط کے ذریعے میں آپ کو بتانا چاہتا ہوں کہ محبت صبر سے ہوتی ہے،
محبت مہربان ہوتی ہے۔ یہ حسد نہیں کرتا، یہ فخر نہیں کرتا، یہ فخر نہیں کرتا۔ یہ
ہمیشہ حفاظت کرتا ہے، ہمیشہ بھروسہ کرتا ہے، اور ہمیشہ ثابت قدم رہتا ہے۔
محبت خود تلاش نہیں ہے، خود کی تلاش کے برعکس ہے۔ اگر ہم تنہائی کی
عادت میں مبتلا ہو جائیں تو یہ ہماری زندگی کی خاصیت بن جائے گی۔

"میں نے ایک سمندر پینٹ کیا۔
لیکن ساحل کو بھول گئے۔
جہاز نہیں تھے۔
میں نے قریب سے دیکھا تو
یہ میری تنہائی تھی۔

"سمندر کی لہروں کی طرح چلنا

آپ کی ناراضگی کی ایک وجہ میرا بے قاعدہ کام ہے۔ میں اس محاذ پر مکمل طور پر ناکام ثابت ہوا ہوں۔ ایک عارضی استاد کی حیثیت سے میں اپنی مالی ذمہ داریوں کو اچھی طرح سے نہیں نبھا سکا۔ غلط سرمایہ کاری اور دیگر جوئے باز نہیں آئے۔ اس نے صورتحال کو مزید خراب کر دیا ہے۔ اب میں قرض میں ڈوبا ہوں۔ مجھے ان پر سود ادا کرنا ہے۔ میں رات کو سو نہیں سکا۔ مجھے اب درد شقیقہ ہے۔

مسئلہ کا دوسرا حصہ یہ ہے کہ میں ہمیشہ مصنف یا مصور بننا چاہتا تھا۔ لیکن ایک کامیاب مصنف بننے کے لیے، آپ کو وقت اور سب سے اہم بات یہ ہے کہ جدید سوشل میڈیا اور دیگر پبلشنگ ٹرکس کے استعمال سے خود کو مشہور کرنے اور اشاعتی برادری میں کچھ دوست بنانے کے لیے آپ کو وقت درکار ہوتا ہے کیونکہ یہ ایک موضوعی شعبہ ہے۔

میں لکھ کر پیسے کمانا چاہتا ہوں، لیکن یہ میرے لیے آسان نہیں اور بہت دیر ہو چکی ہے۔ میں نے 1994 میں شائع ہونا شروع کیا لیکن بچپن سے ہی پریشان کن زندگی کی وجہ سے صرف ایک بار لکھا۔ بعض اوقات مضامین کے درمیان 7 سال کا وقفہ ہوتا تھا۔
"کوئی جوش و خروش نہیں ہے۔
اہم قوت طفیلی
میں زندگی کی سانس کیسے لیتا ہوں؟
میرے دن رات بند ہو گئے ہیں"

اب صورتحال ایسی ہے کہ میں گھر واپس آنے سے ڈرتا ہوں، جیسے دروازے کے پیچھے کوئی ناگ میلہ میرا انتظار کر رہا ہو۔ میرے پاس اپنے جذبات کو بیان کرنے کے خیالات ہیں، لیکن میرے دماغ کے پیچھے، میں جانتا ہوں کہ آپ یا تو غور سے نہیں سنیں گے یا اسے پوری طرح سے سمجھ نہیں پائیں گے۔

تو یہ سب کچھ جلتے ہوئے سوراخ کے اندر ہے، مجھے ناراض کر رہا ہے۔ آپ کی آواز اور کرنسی کا جارحانہ لہجہ ہے۔ دن رات کسی نہ کسی طنز یا طنز سے مجھے طعنے دیتے ہیں۔ کبھی کبھی ہم بالکل نہیں بولتے۔ میں اپنے باطن کے ساتھ مسلسل جھگڑے میں ہوں، لیکن شکست کے لیے بیرونی وسائل کو ذمہ دار ٹھہراتا ہوں۔

"ہر رات میں بیڈ ٹاؤن میں گھومتا ہوں۔
کچھ پرسکون لذتیں خریدنے کے لیے،
انسان کے تاریک بھوت اسرار
زندگی مجھے فرار ہونے پر آمادہ کرتی ہے۔
جدوجہد اور کشمکش کے دن سے،
میں اس بھول بھلیوں کی سرزمین جانے کو بے تاب ہوں
اس نامعلوم علاقے کا"

جیسا کہ آپ کو علم نہیں ہے کہ میرے ناخوش بچپن نے مجھے بہت رد عمل والا بنا دیا ہے۔ کیا آپ کے پاس میرا پس منظر جاننے کے لیے وقت اور دل ہے؟ یہ فلیش بیک آپ کو میری کمزوریوں کو سمجھنے میں مدد دے گا۔

ہمیں اس معاملے کو حل کرنے کے لیے ایک طریقہ کار تیار کرنا ہوگا اور یہ ہمیں اپنی شادی میں مزید سالوں کی بے بسی سے بچائے گا۔ کسی کی بھی ناکام شادی ہو سکتی ہے، لیکن کچھ اچھی اور بری وجوہات کی بناء پر موافقت کی اچھی سطح ضروری ہے۔

"میرا دماغ، ایک بلیک ہول کیوں ہے؟
یہ کائنات کیسے نہ ہو؟
درد شقیقہ کے برج کا، گولیاں،
سرنج، کمر درد اور بے خوابی؟"

جب ہم ایک ہی بستر یا ایک ہی کمرے میں نہیں سوتے تو ہم خود کو شادی شدہ جوڑا کیسے کہہ سکتے ہیں؟ میں آپ کے ساتھ بیٹھنا چاہتا ہوں، آپ پر اپنا دل کھولنا چاہتا ہوں، آپ سے پیار کرنا چاہتا ہوں، آپ کے ساتھ کسی ریستوراں میں رات کے کھانے کا لطف اٹھانا چاہتا ہوں، اور سفر پر جانا چاہتا ہوں۔

لیکن یہ سب باتیں خواب بن کر رہ گئی ہیں۔ درحقیقت، جب میں دوسرے خوشی سے شادی شدہ جوڑوں کو دیکھتا ہوں، تو اکثر نہیں، مجھے اذیت محسوس ہوتی ہے۔ میں نے طویل عرصے سے کسی پارٹی میں شرکت نہیں کی اور نہ ہی کسی دوست سے ملنے گیا ہوں۔ میں شاذ و نادر ہی بازار جاتا ہوں۔ میں سماجی نہیں کرتا۔ یہاں تک کہ میں ٹھیک سے کپڑے نہیں پہنتا جیسا کہ آپ دیکھتے ہیں اور مجھے کئی بار بتاتے ہیں۔
"میرا دماغی تار رینڈر کرتا ہے۔
بوسیدہ راستوں کی تصاویر،

شارٹ سرکٹ ہونے کے بعد
روزمرہ کے بوجھوں کی راہوں میں،
میرا بیمار جسم اس کے ساتھ کانپ رہا ہے۔
وزن جیسا کہ یہ زندگی کی طاقت سے بھرا ہوا ہے"

جب انسان اداس ہوتا ہے تو دنیا اسے کچھ نہیں لگتی۔ وہ کس کے لیے کپڑے پہنے گا؟ کیا تمہیں میرے لیے ذرا سا بھی احساس نہیں ہے؟ دن کے وقت، میں شعوری طور پر مصروف رہتا ہوں کیونکہ میں آپ سے فاصلہ رکھنے کی کوشش کرتا ہوں۔ لیکن اس کا میری آنکھوں اور کمر پر بھی منفی اثر پڑ رہا ہے کیونکہ میں مسلسل 10-12 گھنٹے کمپیوٹر پر بیٹھا رہتا ہوں۔

دوسری طرف، جب آپ آزاد ہوتے ہیں، آپ میرے ساتھ بات کرنے، بحث کرنے، یا تفریح کرنے کا سوچتے ہیں، لیکن ہم ایک دوسرے سے اتنے کٹے ہوئے ہیں کہ کسی میں پہلے قدم اٹھانے کی ہمت یا عاجزی نہیں ہے۔

"میں اپنے ساتھ صلح کروں گا۔
تارپیڈو خواب،
سپیسموڈک دل،
بے شمار راتیں،
کشمکش کے دن،
بیزار جسم
اور دکھی روح"

میں نئے سرے سے شروع کرنا چاہتا ہوں۔ ہمیں خود کو اٹھانا ہے۔ ہمیں اپنی انا کو ایک طرف چھوڑنا ہوگا۔ کئی بار میں سوچتا ہوں کہ کچھ آسان اثبات کروں جیسے میں گھر جاؤں گا، میں اپنے بچوں اور بیوی کو دیکھوں گا یا ہم ایک ساتھ اچھا وقت گزاریں گے۔ لیکن ایسا نہیں ہوتا۔ مجھے آپکی مدد چاہیے۔

ہر صبح ہمیں کسی کام کے لیے ایک دوسرے کا شکریہ یا تعریف کرتے ہوئے ایک شاندار دن کا دعویٰ کرنا چاہیے۔ آپ کے اندر ایک توانائی بہتی ہوئی محسوس ہوگی۔ یہ کہنا بائبل کے مطابق ہے کہ آپ کے خلاف کوئی بھی ہتھیار کامیاب نہیں ہو گا، لیکن یہ ماننا انسان ہے کہ لوگ آپ سے چھیننے کے لیے نکلے ہیں۔

"جب ایمان روشن ہوتا ہے تو شکوک ڈھل جاتے ہیں،

جب حکمت بڑھتی ہے تو آنسو سکڑ جاتے ہیں۔
ہر شاخ پھول آنے کا انتظار کرتی ہے
امید آپ کو دوسری بہار کا موقع دیتی ہے "

آپ اپنے خیالات کی نشاندہی کر سکتے ہیں، لیکن لہجہ تعاون پر مبنی ہونا چاہیے۔ اس لیے اختلافات کو قبول کریں اور انہیں مواقع فراہم کریں۔

"مسیح کے جسم کے مختلف حصے ہیں۔
اتحاد میں آؤ "

اس کا آسان حل یہ ہے کہ میری آنکھوں میں دیکھو اور کہو کہ تم میرے دشمن نہیں ہو۔ میں انٹروورٹ ہوں لیکن اسے وقتاً فوقتاً دکھانے کی کوشش کروں گا۔ کیا کچھ چھوٹے اشارے، چھونے، اور تحائف یا یہ پکنک، فلم اور شاپنگ کا وقت اچھا ہو سکتا ہے؟

میرے آنگن میں ایک درخت

میرے آنگن میں ایک اہم درخت
واحد ورثہ، میں نے حاصل کیا، ایک بارڈ
رنگین پھولوں کے ساتھ چمکدار پتے
سویٹ اپ شاٹس فضل، کچھ ریٹائرڈ جیٹسام

میں اس سے خوفناک چھچھاتے ہوئے سنتا ہوں۔
چڑیوں کا گھر،
ہر دھوپ میں ایک خوشگوار چھلانگ جو مجھے سرگوشی کرتی ہے۔
جیسے خشک پتے میٹھے شربت کی طرح اڑ جاتے ہیں۔

میں شخصیت کی نقل تیار کرنے کے لیے نیچے کھڑا ہوں۔
صبح کی ہوا ایک مشروب یگونا کی طرح جھاڑتی ہے۔
میری لیڈی بھجن کے ساتھ چراغ جلاتی ہے۔
اور کچھ برکت لینے کے لئے ناہموار پاؤں کو چھوتا ہے۔

جب بھی اداس ہوتا ہوں، میں اسے تلاش کرتا ہوں۔
اس کی پُرسکون آواز لیکن ایک میم میں،
دوپہر میں یہ ایک ہرمٹ مراقبہ کرتا ہے۔
میرے سمجھدار بڑے بھائی مجھے ماننا پڑے گا۔

ہر شام کے نوجوان سائے میں کھیلتے ہیں۔
پکے ہوئے میٹھے پھل جو وہ عطا کرتے ہیں۔
میرا اندھیرا بستر اس کے صحن میں ہے۔
میں اس کے پیارے وارڈ کی طرح سوتا ہوں۔
کوئی واضح فرق باقی نہیں رہتا
جیسے میں اس کی دھندلی گود میں ڈوبا ہوں۔

سیکیپ

میری محبت، میرا خواب! میرے ساتھ او
ہم سمندر کے اس پار، لی کو کمبل کریں گے،
ستاروں کے درمیان محل بنائیں
دنیاوی جھگڑوں اور جنگوں سے دور

قوس قزح، سفید ندیوں کو دیکھو
سلیٹی پہاڑ، سرخ گلاب، بھوری چڑیاں،
روشن چمکدار کیڑے، سنہری عقاب، کالی مکھی
زرد سورج مکھی، سرخ رنگ کا مکاؤ، سبز درخت

بارشوں سے صبح بھیگ جاتی ہے، راتیں شبنم سے چمکتی ہیں۔
خوراک کے لیے پوسی دوپہر، پھر شام کے کپڑے دیکھنے میں،
گرم سورج کے ساتھ سردی، چاندنی ٹھنڈی راتیں۔
میں تیرے فضل کی تعریف کرتا ہوں، تیرا لمس میرے خوف کو مٹا دیتا ہے۔

جب آپ کے کوے سے اڑے ہوئے بالوں کی رنگت نکلتی ہے۔
تیری گود میں آرام کرتا ہوں، رات آتی ہے دن ڈھل جاتا ہے
آپ کی حیرت انگیز، ہیزل آنکھیں مجھے آرام سے رکھتی ہیں۔
ہم اس وقت تک محبت کریں گے جب تک ستارے، آسمان، سمندر نہ ہوں۔

وہ شاعری میں چلتی ہے۔

جب میری بے چین آنکھوں نے تجھے دیکھا
مجھے رگوں میں جوش ملا
لیبر دل میں ایک رک جانا سرخ کو پمپ کرتا ہے،
جیسے گرمیوں میں سنہری سورج کا دن روشن،
وہ صبح کی تروتازہ ہوا بن کر آتی ہے
ایک زندہ باغ ہمیشہ کھلتا ہے۔

اپنی شان سے آدھا شرمندہ
منصف سے زیادہ صاف، ایسی چمک جو کبھی ختم نہیں ہوتی،
اس کے اندھیرے اور روشنی کے بہترین پہلو
اس کے ہونٹ مرجان سرخ ہیں،

گال سرخ اور سفید ہیں،
سینوں میں ایک وادی، گہری اور کھڑی
ایک مسکراہٹ جو ہزار دائروں کو جیتتی ہے۔

اس کی توجہ جو راضی ہے لیکن
اپنی جوانی کو سسکیوں میں ضائع کر سکتا ہے۔
اس کے ہوا دار بال مکڑی کی چاندی کی لکیر میں جھومتے ہیں،
ہلکی آواز پرانی اوپیرا کی دھنوں کی طرح دھندلا جاتی ہے
اس کی روح کی خوشبو تیری جوش میں محسوس ہوتی ہے
جب وہ خالی آیت کے راستے پر شاعری میں چلتی ہے۔
ہزار بے نام کرم حرکت کرتے ہیں۔

جب وہ خزاں کے پتوں کے ساتھ رقص کرتی ہے۔
کچھ نرم سرگوشیاں ہماری روح میں کانپتی ہیں،
وہ نیچے زمین اور اوپر آسمان ہلاتی ہے۔
کیونکہ وہ دیوتا ہے، اوتار ہے،
میں صرف اپنی بند آنکھوں سے دیکھ سکتا ہوں۔

ایک فلیش فکشن

ایک انجان لڑکی نے روک دیا۔
دوسرے دن میرا راستہ
جیسے مشک ہرن چھلانگ لگاتا ہے۔
سیاہ بادل سے چاند نکل آیا

چہرہ، آدھا ریوین ٹیرس سے ڈھکا ہوا ہے۔
رات کو دن میں تبدیل کیا،
اس کا انداز اور فضل آسمانی تھا۔
میں نے اپنی فوری تجویز پر زور دیا،
وہ سسک کر غائب ہو گئی۔
پانی میں بلبلے کی طرح

یہ فلیش میٹنگ
زندگی کا ایک قصہ،
میں اس کی پگڈنڈی پر سفر نہیں کر سکتا
اس دنیاوی سمندر میں
لیکن ایک بارڈ کو متاثر کرے گا۔
اب سے دانشور ساتھی ہونے کے ناطے

ایک رینبو میموری

جب میرا کھوکھلا تحفہ اڑا دیتا ہے۔
مرتے انگارے دل میں چبھتے ہیں۔
ایک پیاری بچکانہ سنڈر چمکتا ہے،
منجمد سیاہ یاد ماضی کے رنگوں کو پگھلا دیتی ہے
قوس قزح کی یادوں کی چمک،
جب میں اپنے روڑے ہوئے فرش پر چلتا ہوں۔
میں نے گھروں کے درمیان سمندر کا ایک ٹکڑا دیکھا

تیرا سرخ لباس جیسے روشن سرخ کشتی
سنہری ریت میں ڈوب جاتا ہے،
میں نیلے ماہی گیری کے جال پکڑتا ہوں،
ان بھورے قلعے کی دیواروں کو پینٹ کریں۔
سبز لکن بیچ پر،
میری روح بولتی ہے، میرے ہونٹ ہلتے ہیں۔
ملاقاتوں کی تعدد، گلے ملنے کی لہر
جیسا کہ میں نے ان لمحات کو پکڑنے کے لئے نیٹ
جیسے گلی کے ارچن کی پیلی مٹھی
اندردخش کو اپنی ننھی گرفت میں پکڑے ہوئے

میری ماں

چونکہ وہ مجھے لمبے سفر کے لیے چھوڑ گئی تھی
اب ہر روز میری گھڑی صفر سے شروع ہوتی ہے۔
لیکن دوسری گھڑیوں پر کوئی صفر نہیں ہے
مجھے نہیں معلوم کہ میری ماں کہاں رہتی ہے
پچھلی رات میری جلد نرم محسوس ہوئی۔
اس نے اپنے گیلے ہونٹوں سے بوسہ لیا۔

میری ماں مجھے پرجوش دیکھنا چاہتی تھی،
وہ اپنی حالیہ نابالغ کے بارے میں جواب دیتی ہے۔
اس کی خیریت کے بارے میں ہنگامی صورتحال،
اس کے بارے میں کہ وہ میرے بہن بھائیوں کے ساتھ کیسے کھیلتی تھی،
اسے میری زندگی میں واپس آنے کی ضرورت ہے۔

مجھے حیرت ہے کہ صرف انسانوں کو ہی کیوں ضرورت ہے۔
معلوم کریں کہ عقل کے ساتھ کیسے حرکت کرنا ہے؟
کیا یہی وجہ ہے کہ ہم عقلیت کی نفی کرتے ہیں؟
وہاں نہ جانا آسان تھا،
میں جانتا ہوں کہ مجھے اس سے ملنا چاہیے لیکن
میرے ماضی کے بوجھ مجھے روکتے ہیں۔
اس سے اس کی وعدہ شدہ زمین میں ملنے کے لیے

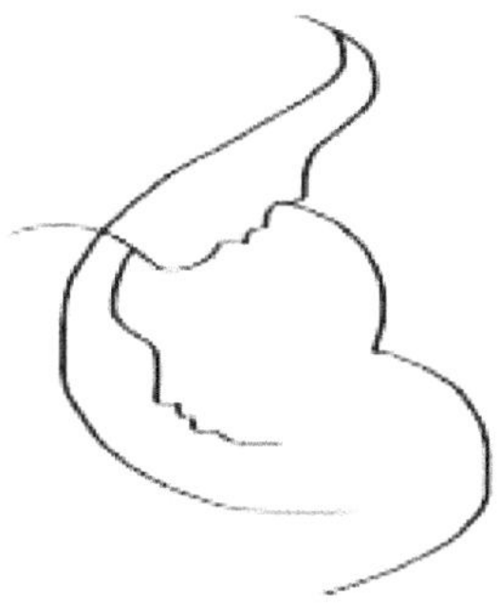

میرے ابو

میرے والد نے کبھی زنانہ کام نہیں کیا۔
جیسے اپنے بچوں کو گود میں لے کر
پیار کرنا یا ان کے ساتھ کھیلنا،
ہاں، اس نے توڑنے کی مردانہ باتیں کیں۔
کچھ شیشے، دروازے سے ٹکراتے ہیں یا
اس کا سر دیوار سے لگا،
اس کے بچوں کو تھپڑ مارنا اور گالی دینا
جب بے بسی نے اسے اپنے حصار میں لے لیا۔
غربت، تناؤ کے جال میں
اور ادھوری خواہشات

اس میں آرتھوڈوکس اور مذہب پرست نے ہمیں سکھایا
سب سے زیادہ توہمات جنہوں نے اسے بابا بنا دیا۔
سماجی زندگی سے عاری اور میں تقریباً ایک ملحد،
اس نے ہمیں بغیر اچھے اقدار سکھائے
ہمیں اس کے کمرے میں جانے دیا،
ہم نے اسے نظمیں لکھتے دیکھا تھا۔
لیکن ہم اس کی کائنات کا حصہ نہیں تھے،
دنیا اس کے کاموں سے واقف ہو سکتی ہے۔
لیکن ہم نے ان کی کتابیں نہیں پڑھی ہیں۔
ہم نے اس کے خلاف قوت مدافعت پیدا کر لی ہے۔
ایک استاد کے طور پر، انہوں نے بہت سے اسکولوں کو تبدیل کیا
اور ایک ایماندار شخص کے طور پر،
وہ شاذ و نادر ہی کسی میں شرکت کرتا تھا۔
سماجی اجتماعات یا تقریب،

اس نے ہمیں ہماری تاریخ یا جغرافیہ نہیں بتایا،
بہن بھائیوں سے غافل
ایک بند خاندانی دائرے میں بند
ہمارے معاشرے سے بے خبر،

ہم اب اپنے سماجی دائرے کی سرحدوں پر رہتے ہیں۔

میں اپنے والد کے ساتھ رہنا، بات کرنا، سیکھنا چاہتا ہوں۔
اور اس کی خدمت کرو لیکن پھر بھی میرے پاس بندھن کی کمی ہے۔
میں نے اسے کافی عرصے سے نہیں دیکھا اور
کبھی بھی اس کی ضرورت یا تکلیف محسوس نہ کریں۔

وہ اپنا وقت گن رہا ہے،
ان کی وراثت میں کچھ کتابیں شائع ہوئیں
اور غیر مطبوعہ مخطوطات
المیرہ کی دکان میں پڑا ہوا،
ہمارے درمیان طویل فاصلہ مجھے روکتا ہے۔
وہ چند قدم اٹھانے کے لیے،
یہ ایک طویل سفر لگتا ہے
پرورش اور قسمت ہماری زندگی کو تشکیل دیتی ہے،
میرے والد ان کی بدقسمتی کا بچہ تھا اور
میں اپنے باپ کی اولاد ہوں۔

میری بہن

ان معصوم سالوں سے جب
ہم نے اپنی زندگی ایک ساتھ بانٹ دی،
میں آپ سے گہرا تعلق رہا۔
اس سے زیادہ جو میں نے اپنی ماں کے ساتھ کیا۔

جب ہمیں الگ ہونا پڑا،
تم اپنے گھر گئے،
پھر بھی میں جہیز کی طرح تیرے ساتھ تھا
میرے چھوٹے دن گزارے
جیسا کہ میری برادرانہ محبت تھی۔
دھوپ یا بارش میں آپ کی خدمت

تم ہمیشہ مجھے پہلے سوچو
تم نے میرا ساتھ دیا،
مجھے اندر کی گہرائیوں سے جانا ہے
لیکن پھر بھی بہت سی چیزیں میں چھپاتا ہوں

ایک وقت ایسا بھی آیا جب کڑک کا طوفان آیا
ہم نے اپنے انفرادی طریقے اختیار کیے،
لیکن اگر تم نے مجھے میری غلطی بتائی ہو۔
اس کے علاوہ یہ بہتر ہوتا

جب آپ اس "رکشا کے دن" مجھ سے ملنے میں ناکام رہے،
اس نے ثابت کیا کہ ہمارا رشتہ بہت پیارا تھا۔
لمبی زندگی کی دوڑ میں برقرار رہنا،
مجھے حیرت ہے کہ شاید ہماری محبت ایک بلبلہ تھی یا
لمحے نے ہم سے بہتر لیا

پھر بھی تم جانتے ہو کہ میں کیا چاہتا ہوں،

تمام غلط فہمیاں اور احمقانہ لڑائیاں
جس نے ہمیں اداس کیا، یہ بڑے ہونے کا حصہ ہے،
تم نے مجھے زندگی کے بہت سے سبق سکھائے
اچھا، برا اور کوشش کے معنی
میں دنیاوی طریقوں سے بے خبر تھا
یہاں ایک غریب روح کو نظر انداز کرنے کی چیز ہے،
آپ مختلف رشتوں کے درمیان گھٹ رہے تھے۔
مالی میدان جنگ میں میری محبت کی محنت ضائع ہو گئی۔

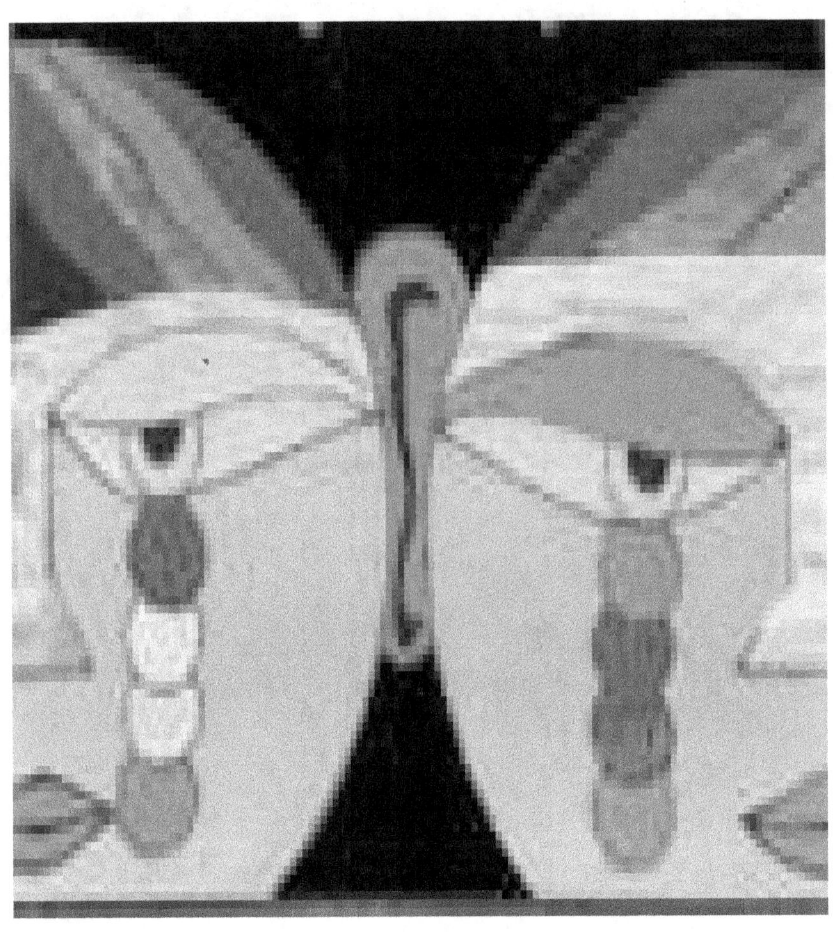

ہسپتال کا دورہ

ہسپتال سچائی کا آئیڈیوگرام ہیں۔
جہاں موت کی زندگی کا کوئی جھوٹا رنگ نہیں ہوتا
پُکا درد، گلابی اذیت لیکن داغدار امید

آپ ہوگ کی ایک کہکشاں دیکھ سکتے ہیں۔
کہکشاں کے اندر ایک کہکشاں کے اندر
ایک مریض، جیسے فینکس،
راکھ سے نکل کر نئی زندگی حاصل کرتا ہے۔
لیکن دوسرے کے ایک شو میں مر جاتے ہیں
شعلے اور دہن کی بیماری

سفید دیواریں ویران ہو چکی ہیں۔
اس کی پٹرولیم اور خوشبودار بیٹی،
جیسے ہم نئی مہک کو اپناتے ہیں۔
دوا، شربت، ڈیٹول یا جراثیم کش
کچھ بو کے بغیر ہڈیوں اور گوشت کے ساتھ

جراحی لوک، خوش سبز،
خوف اور امید کے ساتھ
خواب کی شکل میں بہت کم اضافہ ہوتا ہے۔
ہر نسخے کے لیے دوائیاں پسند کریں۔

بیمار، اتنا سچا ہلکا نیلا
آپ دیکھ کر ہمت نہیں کر سکتے تھے۔
صبر کے ساتھ ان مریضوں
سپارٹن اسکول کا
جیسے انسان اپنے درد سے سے بڑا ہے
بڑا فلسفی ہوگا
ایک بار جب آپ ہسپتال سے باہر آتے ہیں

کوئی جاندار ہاتھ پکڑے ان سے ملنے آتا ہے
آپ کو لگتا ہے کہ آپ کے گھر کی چابیاں ہاتھ میں ہیں،

مگر یہاں کوئی دل محبت سے نہیں گزرتا
جب آپ انہیں گلے لگاتے ہیں تو ان کی پسلیاں بن جاتی ہیں۔
آپ کے گوشت بھرے پیٹ کے لیے ایک کمرہ،
جیسا کہ آپ ٹائٹینک آبشار کو محسوس کرتے ہیں۔
ان کے دل آہستہ آہستہ ڈوب رہے ہیں۔

کسی بھی آئینے یا خود کی عکاسی سے بچیں،
آپ کو وہ چیزیں نظر نہیں آئیں گی جو آپ عام طور پر کرتے ہیں۔
دیکھو لیکن تمہاری پاک روح باہر جھانک لے گی۔
جسم کے تانے بانے جیسے سورج کی روشنی
بند کھڑکی سے باہر نکلنا،

اپنے آپ کو اندرونی بوجھ کے طور پر چھوٹا کرنا مشکل ہے۔
جسم کے وزن سے زیادہ ہو جائے گا
آئیے ان بے خوابی کے بستروں کی تعریف کریں،
آئیے ہم ان مداحوں کی تعریف کریں جو ایڈجسٹ نہیں کرتے ہیں۔
روم سروس کی تعریف کریں جو موجود نہیں ہے۔
آئیے ہسپتال کے عملے کی تعریف کریں۔
وہ بغیر پروں کے فرشتے ہیں۔

خوشی کے جعلی نقاب کے نیچے ڈھانپنا
انہیں پھیپھڑے اور تھکے ہوئے دل ملتے ہیں۔
ہر روز ان کے راستوں میں پڑے رہتے ہیں۔
وہ اپنی جانوں سے پوکر کھیلتے ہیں۔
وائرس اور بیماریوں کے ساتھ اس کھیل میں،
دیگر غیر فعال جماعتوں کے لیے بھی موت کو فروغ دینا

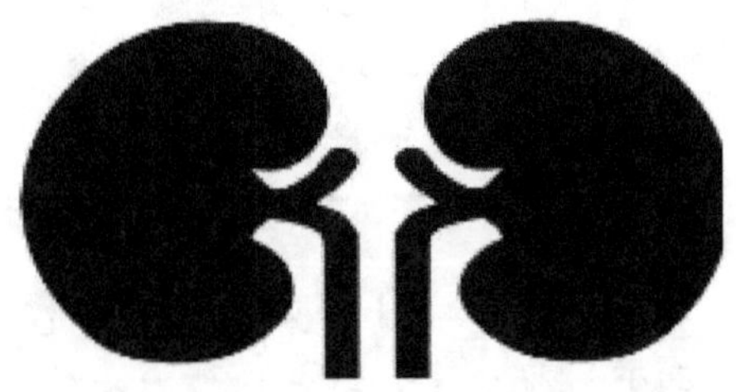

کورونا ۔ وورونا کے دن ۔ طریقے

انسانیت کورونا کی حرکت میں ڈوب رہی ہے۔
میں سمندری چوہے کی طرح اپنے چھپے ہوئے سوراخ میں واپس
ہر صبح ایک الارم، بستر پر نظر انداز کرنے کے لیے
ایسا لگتا ہے جیسے منٹ گھنٹے ہفتہ ہیں۔
اور ہفتے ہائبرنیشن میں
کیا میں ایک چھوٹا سا تنہا ریچھ ہوں؟

میرے گھر میں ہومسک
غیر کوویڈ 19 ہوم جیل میں ڈالیں۔
ایسا لگتا ہے کہ ایک عجیب مسخرہ میرا پیچھا کر رہا ہے یا
مجھے زومبیوں نے گھیر لیا ہے،
میں ریڈ زون کی دنیا میں گرین ہوم سے کام کرتا ہوں۔

سماجی کاری کے لیے لاگ ان کریں، دور دراز کی آواز پر سوئچ کریں۔
میرے جسم کے روبوٹ کھاتے ہیں، سوتے ہیں اور کھاتے ہیں
کیا ناشتہ اب بھی ناشتہ ہے اگر میرے پاس 12 بجے ہے؟
کیا رات کا کھانا اب بھی رات کا کھانا ہے اگر میرے پاس چائے کے لیے کوکیز
ہیں؟

میں اپنی آنکھیں جھپکتا ہوں، افق پر توجہ مرکوز کرتا ہوں۔
گویا ارتکاز مجھے وہاں پہنچا دے گا،
کیا میں نے ابھی اس پھول میں تتلی کی زمین دیکھی ہے؟
جب کوکبور اس خالی گلیوں پر اڑتے ہیں،
کیا وہ جانتے ہیں کہ ہمارے ساتھ کیا ہو رہا ہے؟
کیا میں پہلے سے زیادہ دیکھ رہا ہوں؟
جیسے جیسے پھیپھڑے صاف محسوس کرتے ہیں، پرندے اب ہوائی جہاز ہیں،
ہم گھر سے باہر نکلتے ہیں۔
باغ اور دوبارہ اندر،
اس نے ہم سب کو متولی بنا دیا ہے۔
آسمان اب نیلا ہے، یا یہ صرف میں ہوں؟
اب میں سمجھتا ہوں کہ کم کا مطلب زیادہ ہے۔

ٹریفک اور لوگوں کی مسلسل ہانپنا
اب میرا تھن ہوش میں ہے،
ہم دوسروں کی صحت کا پتہ لگانے کے لیے خریداری کرتے ہیں،
چہرے کے ماسک کے ساتھ جیب میں سینیٹائزر
توجہ مبذول کرنے کا طریقہ چھینکنا،
کورونا کے جنگجو فرنٹ لائن پر،
لیکن کچھ لوگ اب بھی کوستے ہیں اور روتے ہیں۔

یہ چیز غیر افسانوی ہے ۔ صحت بمقابلہ معیشت
یہاں تک کہ افسانہ تاریک ہے، لیکن پھر بھی موسیقی موجود ہے۔
CoVID-19 ایک ہائیڈر ہیڈ چیلنجر ہے۔
جاگنے کے لیے ہماری جدید طرز پر
سستے لیبر سے سستا ٹیک خریدنا

میں حیران ہوں کہ مجھے احساس جرم کیوں ہوتا ہے۔
جب میں دوسروں کو تکلیف میں دیکھتا ہوں جبکہ میں نہیں ہوں
مجھے اب اپنے پاجامہ کی عادت ہو گئی ہے۔

میرا شہر

میرے شہر کو مسخرے چہرے سے لطف اندوز ہوتا ہے۔
مالز ۔ فلک بوس عمارتیں اس کے اہم اعضاء کو جوڑتی ہیں،
دن محنتی قوت کو نکال دیتے ہیں۔
جیسے جیسے راتیں سخت غیر یقینی چڑھتی ہیں۔

ہارن، سائرن، موسیقی، آلودگی، بز اور خاموشی۔
گونگی آوازیں لکھنے کے لیے دس لاکھ ڈرم مارو،
برجن کے سر ہر خالی جگہ پر اگتے ہیں۔
انسانیت کے جنتا کو اس کے روزانہ چکر لگانے کے لئے

یہ چور کبھی نہیں رکتے بلکہ ایک سیسہ پلٹتے ہیں۔
دس سے پانچ، لگاتار فلنٹی ورک کلچر،
چاروں طرف روشنی ہے، لیکن منظر دھندلا لگتا ہے۔
ٹارگٹڈ کھودنا زندگی فطرت کے لیے سنگین بن جاتی ہے۔

کمزور صبح کی سیر کرنے والا یا چکنائی والا شام کا آوارہ
مکینیکل دیر سے سونے والے یا نامرد دیر سے اٹھنے والے
صوفہ، قالین، ٹی وی، موبائل اور ایئر کنڈیشنر
تمام گرینائٹ میوزیم ہیں لیکن کوئی اونگھنے والا ذخیرہ نہیں ہے۔

ہائی وے موت کی سواری کا راستہ ہیں۔
میں ایک پرامن لی کے لئے کوشش کرتا ہوں
کیا شہر نے مجھے کسی طرح برباد کر دیا ہے؟
نہیں، اس نے مجھ سے بہتر مردوں کو نقصان پہنچایا ہے۔

میں لاکھوں کے ہجوم کے درمیان اکیلا کھڑا ہوں۔
جب میں تیزی سے تکلیف اٹھا رہا تھا تو خدا خاموش تھا۔
میں نظر انداز کر کے مرنے کو تیار نہیں ہوں۔
میں آخری سانس لینے سے پہلے ایک نیا شہر بناؤں گا۔

شہر کی زندگی

روشن خوشی لیکن پھیکی زندگی
ہلچل، انتشار اور جھگڑا
پھلنے پھولنے کا طریقہ، ایک میکانکی زندگی
سب سے زیادہ مصنوعی، کم فطرت
ایک معاشرہ، مکس کلچر

گرم کنکریٹ لیکن ٹھنڈا سٹیل
بہت سے ہمدردیاں، لیکن کچھ محسوس کریں گے
بہت ہنسیں گے لیکن کچھ مسکرائیں گے۔
ڈسکو، پب، ہوٹل اور کلب
تفریح اور ہلچل، شہر مرکز ہے

بہت سے کانٹے، چند گلاب
جعلی دوست لیکن حقیقی دشمن
آپ کی خوشی اور آپ کی پریشانیاں
چھوٹے خاندان لیکن دل چھوٹے
بڑی دیواریں لیکن چھوٹے دروازے

زیادہ تر نامعلوم ہیں، کچھ واقف ہیں۔
مستقبل غیر یقینی ہے، حال واضح ہے۔
سب دور ہیں، چند قریب ہیں۔
شہر کے مختلف امکانات ہیں۔
بہت سارے افسانے، کچھ حقائق ہیں۔
جانا لمبا، حاصل کرنا بہت کم
بہت کم کام کریں گے لیکن بہت سے لوگ ردعمل کا اظہار کریں گے۔
کچھ دیتے ہیں لیکن بہت سے لیں گے۔
چاقو کے ایک کنارے پر کوئی پیسہ نہیں۔
آپ کے پہلو میں قسمت، ایک شاہانہ زندگی

بہت کم عقلمند ہیں، سب سے زیادہ ہوشیار ہیں۔
سب بالغ ہیں، چند معصوم ہیں۔
دوڑنے کی دوڑ، ہوشیار نہ ہوں۔

جب آپ سواری کرتے ہیں تو ایک طرف مت دیکھو
لمبا سفر، لیکن خلا وسیع ہے۔

میں، میرا، میرے لیے واحد تصور ہے۔
بہت ساری حرکت، صفر جذبات
درد کا فضل، لیکن دوائیاں کم ہیں۔
صوفہ پہاڑ ہے، قالین سمندر ہے۔
یہ شہر میرے لیے بنایا گیا ہے۔

****

چھوٹی نظمیں۔

1

دودھ پلانے والی ماں
بے شرم نہیں ہے
وہ اپنے پیار میں شرمندہ ہے۔

2

"کھجور ہو" فن فحش نہیں ہے،
یہ خوبصورت منظر ہے
اس کے مشاہدے میں

3

جدید انسان عریاں نہیں ہے،
وہ ننگا ہے
لیکن اس کے فیشن کے موڈ میں

4

انسان جانور نہیں ہے
وہ انسان ہے
لیکن اس کی مادی کارکردگی میں

جب آپ ان کا دکھ خریدتے ہیں۔

چمنی کے دھوئیں سے بھری برفیلی ہوائیں ۔
کرسمس بلاک کو جلانے کا اشارہ،
جب چاروں طرف رنگ برنگی روشنیاں جگمگا اٹھیں،
مقدس راہب میری تھیم گاتے ہیں۔

مقدس کنول اور آرائشی ہاتھی دانت گھروں کو بھر دیتے ہیں۔
شہر شہر ہماری خوشی کی گونج گونجتی ہے،
گانا گانے کے لیے درختوں کے آس پاس پرندے کی طرح بیٹھو
کورس سنو، میٹھی جھنکار گھنٹیاں لاتی ہیں۔

ان پیاروں سے ملیں جنہیں آپ روزانہ یاد کرتے ہیں۔
دشمنوں کو گلے لگائیں، آسانی سے پھسلنے نہ دیں،
امیر اور غریب ایک ہی میز پر
محنت کرو لیکن اسے افسانہ بنا لو

دیکھ بھال کو کسی پوشیدہ جگہ جانے دیں۔
محبت کو اس کی جگہ لینے دو
پیو اور اپنی فکر کو غرق کرو
کوئی بھی اکیلا یا جلدی میں نظر نہیں آتا

ایک بار جب آپ کے دل میں مسیح کا نشان آجائے
اس کے فضل کو محسوس کرنا آپ کو گلبرٹ بناتا ہے،
خدا سب کو ان کی حقیقی شکل میں پسند کرتا ہے۔
اس کی توجہ میں بری عادتوں سے پرہیز کریں۔
سب کے خوشحال کل کی خواہش کرنے کا وقت
یہ میری کرسمس ہے۔
جب آپ ان کے دکھ خریدتے ہیں۔

عروج کی علامت!

انسان سے آگے
تمام مخلوقات ایک دوسرے کو نگل جاتی ہیں۔
ان کی ذہنی بے حسی کی وجہ سے
لیکن آج انسان انسان کو کھاتا ہے
کیا یہ اس کی عقل کا دیوالیہ پن ہے؟
یا عروج کی علامت!

ہم تیسری دنیا ہیں۔

خود کو تسلیم شدہ پہلی دنیا کی اقوام
ان میں ہمیں تیسری دنیا کے طور پر لیبل کیا
نام نہاد سماجی اقتصادی اشاریہ جات اور
دیگر "جدیدیت ہی اصل ترقی ہے" اشاریے،
کیونکہ ہم ڈنر پارٹیاں نہیں کرتے
لیکن ایک اچھی طرح سے کھلایا دن کا خواب

ہمارے بچے پرانے سرکاری سکول کے فرش پر پڑھتے ہیں،
ہریالی سے دوسری دنیا کو جانیں۔
اور اس کی پیلی دیواروں پر تصویریں لٹکی ہوئی ہیں،
مخمل گھاس پر دوڑنا چاہتے ہیں۔
ہر صبح چیتھڑے چننے کے بجائے
جیسے بچے پرانے کھلونے چھوڑ دیتے ہیں
تم نے ہمیں چھوڑ دیا ہے

یہاں ایک نوجوان نوجوانی میں بالغ ہو جاتا ہے۔
اور ایک تاریک مستقبل کے خاکہ کو پہچانتا ہے۔
روزانہ کے بوجھ کے موجودہ نقطوں کے نمونے میں ساخت،
وطن کے گیت کی المناک تکرار میں،
وہ ایک نوجوان انٹرپرینیورشپ کا خواب دیکھتا ہے۔
لیکن دیمک کی موت اس کی کوشش کی جڑوں کو کھوکھلا کر دیتی ہے۔

آپ ہمارے مردوں سے کہتے ہیں "اسے اپنی پتلون میں رکھو"!
اور خواتین، "اپنے گھٹنوں کو بند کرو"!
لیکن یہاں صرف سیکس ہی تفریح ہے،
تین منٹ کی امداد کے لیے ہم تیار ہیں۔
توبہ کرنا اور بدعنوانی اور بے حیائی کی زندگی گزارنا،
اگرچہ کچھ قابل ٹیکس روحیں خیرات چلانے کا فیشن کرتی ہیں،
غریب پھٹے کپڑے پہنتا ہے
امیر انہیں مختلف نظر آنے کے لیے پہنتے ہیں،
شخص کے درمیان ایک معاہدہ ہے
گاڑی میں بیٹھ کر غریب کچھ مدد کے لیے بھیک مانگ رہا ہے۔

غلاموں کے سائے سے بھری قیمتی زندگی
جیسے غربت بے دخلی کے زندہ رہتی ہے،
غیر ملکی امدادی مکڑیوں کے جال میں پھنس گئے،
ہم اس کیپیٹلائزنگ پروٹیبرنس کو سہارا دیتے ہیں۔
اور بورژوا طبقے کو زبردستی کھانا کھلانا،
ہمارا پروپیگنڈہ درست ہو گیا ہے۔
دیکھنا، آہیں اور رونا

خانہ جنگی کی وجہ سے آنکھوں پر پٹی باندھ دی گئی،
سیاسی زندگی اور موت کا ذریعہ
ہم میدان جنگ کی قسم کو سمجھنے میں ناکام رہتے ہیں۔
ہم اندر ہیں اور اس سے نمٹنے کے لیے اپنے ہتھیار،
ہر وقت آزادی اظہار کا نعرہ لگاتے ہیں
کبھی فرق جاننے کی کوشش نہیں کی۔
ہماری جلد اور ہونٹوں کے درمیان

ایک منقسم ملک جو قرضوں سے نجات کے لیے آہیں بھرتا ہے،
مخالف پروپیگنڈے سے برین واش
جیسا کہ لیڈر ہر سیکنڈ میں کروڑ پتی بن رہے ہیں۔
اور لوگ ہر لمحہ غریب تر ہوتے جارہے ہیں،
دودھ اور شہد سے بھری ہوئی زمین،
پھر بھی روتا ہے "پیسے نہیں"

جعلی اخلاقیات کے ساتھ خود ساختہ میڈیا،
PRاور متنازعہ انٹرویو کا مقصد
ایک چھوٹی سی سوچ اسے فلسفہ بنانے کے لیے بار بار،
ان کی آواز نرم لباس میں خالص زہر پھیلاتی ہے،
نام نہاد اقلیت کے نام پر
ہر خبر پر مذہبی مہر لگائی جاتی ہے
وہ غیر اخلاقی کو قوم کے چہرے کے طور پر اجاگر کرتے ہیں،
نیک نیتی کو کم کرنا

جنسی اور تشدد تفریح کی ایک نئی شکل ہے،
یہاں بڑے وکلاء اور کارپوریشنز کھلم کھلا اثر انداز ہوتے ہیں۔
ڈیمو پاگل دار الحکومتوں میں

بھاری منافع حاصل کرنے کے لیے ،
کیا یہ غربت کے ساتھ ناانصافی ہے اور؟
مبتلا ہونا غلط خیالات کا واضح اشارہ نہیں ہے۔
جو اس موڑ پر تیسری دنیا پر بحث کرتے ہیں۔

■■

یہ عمر - ہوا

نئی تخلیق؟
کوئی ہے لوٹ پیشکش؟ کچھ لگن؟
نہیں! بالکل نہیں۔

اب سماجی قدریں مختلف ہیں۔
وہ دولت کی بنیاد پر کھڑے ہیں،
تو صرف پیسہ کمانا،
چاروں طرف وونگا-خواہش

اوہ! یہ عمر ہے
"پینی چیزر" کو کوئی خوف نہیں ہے۔

سٹیج ڈرامہ

ہماری زندگی ایک خدا کی طرف سے سپانسر شدہ اوپیرا ہے
ہم روزانہ دنیاوی اشتہار کی شوٹنگ کرتے ہیں،
روزانہ کا میلو ڈرامہ جس میں ایک فرد
ایپیسوڈ میں کہانی کی لکیر کی گردش ہے،
ایک قسط ختم ہو سکتی ہے لیکن کہانی کبھی ختم نہیں ہوتی
موقع ہے، موقع ضائع
اچانک تبدیلی، آخری لمحات میں بچاؤ،
ہم اپنے الاٹ شدہ حصے کی ریہرسل کرتے ہیں لیکن کوئی
تبدیل کرنے کے لئے ہمیشہ موجود ہے

ہر ریلے کی ایک نئی کہانی ہوتی ہے۔
کچھ کے پاس آسان، کچھ پیچیدہ پلاٹ،
ہمارے کردار ہماری پسند نہیں ہیں،
آپ المناک یا مزاحیہ ہوسکتے ہیں لیکن
سچ ۔ ڈرامہ لوگوں کو محظوظ کرے گا۔
بعض اوقات ہم ایک ہی کردار ادا کرتے ہیں۔
بفون یا ولن کا لیبل لگانا،

جیسا کہ میں نے المناک کردار میں دقیانوسی تصور کیا ہے،
کوئی دوسرا کردار دینے کو تیار نہیں،
اب یہ اہم نہیں کہ میں راضی ہوں یا نہیں۔
مجھے ڈائریکٹر کا موقف اختیار کرنا چاہیے۔
اور اپنا حصہ ختم کرو

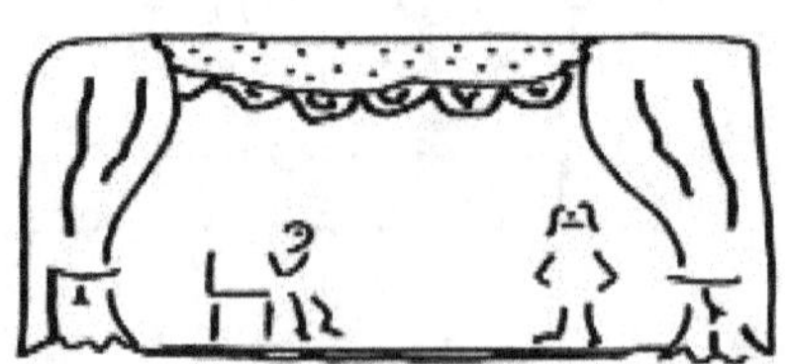

جدید ہونا

نئے دور کا وہم
جدید ہونا
ہمیں کیا ملتا ہے؟
دائرے میں دوڑنا

باقی کیا ہے؟
ایک اذیت زدہ روح،
اور کھوکھلا جسم

لینے کے لیے کوئی پل نہیں۔
آگے یا پیچھے

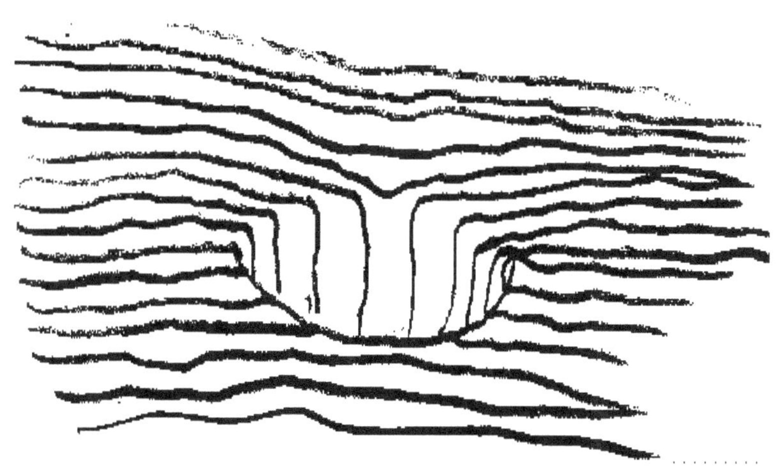

حقیقت

ہم اپنے مقروض جگہ سے کیوں حیران ہیں۔
اور اس کے ساتھ ایک مخصوص مایوسی کا اظہار کریں؟
ہمیں کتنا کم لانے کی ضرورت ہے؟
اہم جوش و خروش جو موجود ہے۔
وہ خوشی ہے جو ہم اپنے ساتھ لے کر گئے ہیں۔
مجھے حیرت ہے کہ ایک بھی ساتھی ہمارے ساتھ نہیں ہے۔

باہر کے فرنگیپانیوں کو آپ کی مستقل تعریف کی ضرورت ہے،
فلائی ہوئی شافٹ، ایک بار ایک بنیادی توجہ،
میرے علاوہ کسی اور کے لیے موزوں لگتا ہے۔
اب بھی یہ میرا ہے اور مجھے لگتا ہے کہ معلوم ہو جائے گا۔
فن سے ہم پھانسی دیتے ہیں۔

ہوسکتا ہے کہ ہم جہاں کہیں بھی یہی وجہ ہو۔
جاؤ آج کل باطل نے پالتو جانور کی طرح دم کر رکھا ہے
جب ہم کہانیوں پر یقین رکھتے ہیں۔
دنیاوی ساتھی کبھی ہمارے نہیں ہو سکتے

مجھے لگتا ہے کہ اس طرح ایک گھر کے ساتھ،
مجھے ایک بڑا جلسہ کرنا چاہیے۔
جو کمزوریوں کے ساتھ خوش ہوں گے۔
رات کا اور بس اندر بسنے کی کوشش
جیسے ہر کوئی اپنی جگہ میں بھی،
ایک پریشان وزیٹر ہے

کتابیں

کتابیں بے چین سردی کے موڈ میں ہیں
ان کی آوازیں فوری لگتی ہیں،
کتابیں کیا سرگوشیاں کرتی ہیں
ہم سماجی حلقوں میں ذکر نہ کرنے کو ترجیح دیتے ہیں،
ابھی تک وہ زیادہ جانتے ہیں اور کہاں رہے ہیں۔
ہم ان کپڑوں میں نہیں جا سکتے جو ہم پہنتے ہیں۔

وہ بے حال ہیں ہم بے حرکت ہیں
ان کی آوازیں ہمارے کانوں سے اجنبی ہیں
وہ حقارت کرتے ہیں، وہ ہمیں ہلا کر رکھ دیں گے،
بہت ساری آوازیں، بہت ساری گمشدہ گفتگو

جب میں کوئی صفحہ کھولتا ہوں تو اس کی ٹھنڈ میں پڑ جاتا ہوں۔
گہرائیاں پتھر کی طرح ڈوب جاتی ہیں
میں کلچ میں بات کرتا ہوں،
وہ برے شگون کی طرح وقت پر منڈلاتے ہیں اور
پروں کو پھڑپھڑاتے ہیں جیسے ان کے بے چین صفحات آسمان پر بادل کرتے
ہیں۔
وہ ہماری ہڈیوں میں اندھیرا ہیں۔
جو مردہ شعلوں کی طرح چمکتا رہتا ہے
وہ دن رات کتنی جدوجہد کرتے ہیں!
کچھ کتابیں نہ کھولی ہوئی نظر میں رہتی ہیں
کچھ ماضی کی کتابیں جھلس چکی ہیں۔
یا ایک صفحہ نہیں پلٹا دیر تک زندہ رہ سکتا ہے۔
پکی عمر میں بغیر پڑھے مرنا یا
اگلی نسل کی کمائی

پیلی کتاب کے کیڑے غصے میں کھا گئے!
ایک چیز مشترک ہے ۔ کتابیں یا مرد،
لیکن چند اہم کر سکتے ہیں،
ہر کتاب کا اپنا چمکدار عقیدہ ہوتا ہے۔
ہم پڑھنے اور یقین کرنے میں ناکام رہتے ہیں۔

کنکریاں

وقت درخت بیسالٹ کی قوس قزح کی سختی کو ہموار کرتا ہے،
سندور جسپر، سلوری گرینائٹ اور
feldspar پیلا سے مدد کی humdrum
لیکن جوار کے مریض جوہری

آتش فشاں سے پیدا ہونے والا، زلزلے سے پیدا ہونے والا،
گرمی سے پھٹے ہوئے، ہوا سے تراشے ہوئے،
موت کی شکلیں پتھروں کے درمیان کمپیکٹ ہوتی ہیں۔
یہ ٹوٹی ہوئی ہڈی کے طور پر روشنی کو بہاتی ہے۔

جب لہر کھل جاتی ہے۔
یہ ٹوٹے ہوئے گولوں کے درمیان جھپکتا ہے،
گلوں سے پریشان، نمک اور دھوپ سے بلیچ
زندہ چیزوں کی ٹوٹی ہوئی کراکری

ایک عقاب اوپر کی طرف سے سروے کرتا ہے،
بوجھ سے ہمدردی نہیں
میں یہاں لے کر آیا ہوں،
سمندر مجھے گلے نہیں لگائے گا
تو میں بیٹھتا ہوں، کھوکھلی لکڑی کی طرح،
کنکروں کی طرح اچھل پڑ

اے ستارے!

جب میں اسکرین پر چشمہ لگاتا ہوں۔
جنگلی کالے اس طرف،
اے ستارے! میں ایک چمکتا ہوا جوش محسوس کر رہا ہوں۔
میرے اہم اعضاء میں

فرشتوں کی ایلان آنکھیں،
ہزار جرمانے کے ساتھ سرمایہ کاری،
اپنی بادل کے بغیر چمک دکھائیں۔
جاہل دنیا

چاند سے متصل مقناطیسی ستارہ
ملاح کو باہر جانے کا راستہ دکھانا،
میرا دل آپ کو جواب دیتا ہے۔
زندگی کے ساتھ ٹمٹماہٹ
اور میری روح کو بھڑکاتا ہے۔
ایک لافانی چنگاری کے ساتھ

پہلا مون سون

اس اعلیٰ وقت میں تارکین وطن حاملہ بادل
ہوائی بارش کی تیاری،
بڑے پانی والے برتن، جیسے ایک ترقی یافتہ بچہ
ماحول کے رحم میں رکھنے کے لیے بہت بھاری

بجلی کی چمک کے ساتھ ختم کا اعلان
زندگی کے سیالوں کی فراہمی کی وسعت،
تھکے ہوئے کسانوں کی بے چین آنکھیں انتظار کرتی ہیں۔
ان کے قریبی تاریک رشتہ دار

تیمور شہد کی مکھیاں، کمانوں پر عاجز چڑیاں
آؤ! سالانہ خوشی کے جلوس کا خیر مقدم کرتے ہیں۔
اور حاصل کرو گیلی چیزوں کا یہ خزانہ،
چاندی کی ٹپ ٹپ ہر دستیاب معاون کو گہرا کرتی ہے،
پاکیزہ زندگی بلند شاخوں سے کشید کرتی ہے،
ایک تیز سفید بارہماسی ندی چھاپے پر ہے۔

پالش جیڈ پودوں، کلی شدہ فرش گیلا ہے
اب سب کچھ ٹھیک ہے، جنگلی معمولی ہو جاتا ہے،
ریت کی میٹھی خوشبو چکھنے کو دلکش ہے،
میں گیلی پارٹی بننا چاہتا ہوں، کچھ یادگار رکھنا چاہتا ہوں۔

پانی والے موتی سورج کی دیر سے کرنوں میں اپنے چہرے کو شرماتے ہیں،
قطار میں پنکھوں والی مخلوق،
قوس قزح کا ہلال،
مہکتی عبادت کو سانس لینے والا صاف دل،
دھرتی کو ہندوستانی دلہن کی طرح رنگین طریقے سے سجایا گیا ہے۔
اس کے پہلے مون سون میں، فخر کا حکم

الہی شام

پھیکا بوڑھا سورج پیچھے دیکھ رہا ہے۔
گرم پہاڑی خلا کے سوراخوں کے ذریعے
اس کی میراث کی طرف جو اس کی ملکیت تھی۔
اور اس کے نوبل وقت میں لطف اندوز

وہ دنیاوی پارسرز
ایک نئے کل کی تیاری کر رہے ہیں،
پرندے، گھر کی طرف، ایک قطار میں
گودھولی کے آسمان کی طرف ایک کمان کی طرح

دھیمے نچلے ریوڑ تھکے ہوئے راستوں کی پیمائش کرتے ہیں۔
جیسے چرواہے اپنے تھکے ہوئے طریقے سے کام کرتے ہیں،
دھول کے بادل ہوا کو چھپاتے ہیں۔
اس اسفنکس انکی ٹائم میں

شام کے لیمپ کی ایک جھلک تھامے ہوئے
درخت بھوت کی شکلیں بناتے ہیں،
دیکھو! قبل از وقت ابتدائی"Hesperus"
اپنے جڑواں، نصف ہلال کے چاند کے ساتھ،
تارامی پس منظر کے ساتھ ایک نازک تصویر

جب سورج اس کے مغربی ٹھکانے کو چھوتا ہے،
پتھریلے گول برگد پر عقلمندانہ بات چیت،
روحانی نشریات میں چرچ کی گھنٹیاں بجتی ہیں۔
فانی صنعت کی مدت کو نشر کرتا ہے،
یہ الہی شام کا وقت ہے،
آپ کو ناگزیر یاد دلانا،
ایک کمزور انسان!

موسم سرما

برفیلے بغیر پگمنٹڈ ڈریپ میں ونٹری واپس لے لی گئی۔
دنیا اس دن کے گرم بوسے کا انتظار کر رہی ہے،
لمبی تنہا وادی کے ذریعے
بلندی برفانی طوفان کو اڑا دیتی ہے۔
گہری اور پختہ تنہائی کو خوش کرنے کے لئے

ننگے اوپری زمین پر، ایک متقی سورج کی کرن
کھیلتا ہے جب بے دل مغرب اپنے دھماکے کو بڑھاتا ہے۔
لیکن طوفانی شمال گانا گاتا ہے،
تمام کھیت نیچے بندھے ہوئے تھے۔
برف کا ایک خستہ حصہ،
یہ زمین کو بے نقاب کرنے کے لیے خاموشی سے سب کو مرجھا دیتا ہے۔
اور اس کی حساس کنکال کی زندگی دکھائیں۔

میں اپنے پیروں کے نیچے کرکرا کرنے کے لئے چلتا ہوں۔
وشد نیلے رنگ میں ناچتا ہوا اندھیرا دیکھنے کے لیے،
ایک جوش میں زمین پیتی ہے۔
چاندی کی ہلکی گرم سورج کی روشنی،
حیوان یا پرندے اپنے چھپے آرام میں،
یہ بے پت درخت میری قسمت سے ملتے جلتے ہیں
اپنی جلتی ہوئی چھاتی کے ساتھ تنہا رابن کی طرح
سورج کی لطیف مٹھاس میں بیٹھتا ہے۔

پاپیوں کا روبی بینر کیسے پھیلتا ہے۔
جہاں کنول سو گئے لیکن
گلاب کے دل اب بھی دھڑکتے ہیں
جب زمین کا تازہ رس
فلیکسن کے پھولوں کو ٹھیک کرنا،
صحن میں برف کے تودے اکھڑ گئے۔
کمزور ونڈو پینل کو شکست دینے کے لیے

جب میں گرم کمرے میں قدم رکھتا ہوں،

میں حیران ہوں کہ مجھے کس طرح پسند ہے؟
کیا غم کی چوکھٹ پتھر تھی؟
مسخ شدہ اور لرزتے سائے پر
مدھم روشنی والی چھت،
بے رنگ ستاروں کے بے رنگ جھرمٹ
رات کی دلہن کے زیورات،
نرم مائع چاند پھسل رہا ہے۔
ننگی سیاہ شاخ کے ذریعے

ایک چیمبر کونے کے مسودے نے نائٹ اسٹینڈ کو جھاڑ دیا۔
پروں کی خواہش کا مصلوب شکل
ایک تیز فلیش فلائٹ لی،
ہر میٹھا وعدہ نبھانے کی قسم کھاتا ہوں۔
بیج کی امید کے گرم پیارے کمبل کے نیچے،
خدا ان تمام بے گھر روحوں پر رحم کرے۔

میرا کاٹیج

میرا کاٹیج، ایک خوبصورت رغبت کی چمک
صبح کے سورج میں نیم مائع نیلے آسمان کے نیچے،
سانپوں کے لمبے لمبے ہنگاموں کے ساتھ،
ریشمی گہرا سبز لان مجھے سلام کرتا ہے جب
میں روزانہ پیسنے سے آتا ہوں۔

مجھے اڑتے قدموں کا زور محسوس ہوتا ہے،
اپنے سیرفک مسکن تک پہنچنے کے لیے بے تاب ہوں،
جب بھی اداس ہوتا ہے، ہمیشہ ہوتا ہے۔
اس کے قابل رسائی الہام دیواروں،
چھت، موڈی قوتوں کے خلاف ایک ڈھال،
تمام کمرے تفریح کا پیمانہ ہیں،
آکسیجن والی کھڑکیاں بیرونی منظر کو نشر کرتی ہیں۔

یہ شام کے سائے میں آرام کرتا ہے جب
ایک چھوٹا سا پرندہ دال پر بیٹھا ہے،
شام کے وقت، میں خوابیدہ نیند میں ڈوب جاتا ہوں۔
انسانی تجربے کے دائرے سے غافل
ایک گہرے تکیے پر ٹیک لگانا

مارننگ ایکسٹیسی

ہچکچاہٹ والی رات، آہستہ آہستہ پیچھے ہٹ رہی ہے۔
سرمئی زمین، کچھ مدھم سایہ اب بھی منڈلا رہے ہیں،
ڈان ہر فارم کو جگانے کے لیے آرام سے باہر نکلتا ہے۔
نیند کی دھوپ، مائع روشنی، ریت کو گرم کرنا،

صبح کی اپسرا سمندر سے اٹھتی ہے۔
جادوئی دھند کی چادر پہنے ہوئے موتیوں کا
جیسے ہوا چلتی ہے،
اس کا چمکتا ہوا کڑا سورج کی کرنوں سے لیا گیا تھا۔
تیزی سے پہاڑی کی چوٹی تک اس کا جلال جھوم رہا ہے۔

اس کی خوشبو انسانوں کی نیندیں جگا دیتی ہے۔
بانگ دینے والے پرندے مگر خاموشی کو توڑ دیتے ہیں
میں شہد کی مکھی سے جلدی اٹھنے کا شوقین ہوں
شاید خدائی طاقت کو محسوس کرنے کے لیے،

ہر گھر اپنی ضروری آگ جلاتا ہے۔
صبح بخور محسوس کریں، دور تک آوازیں سنیں،
روح تازگی اور تروتازہ محسوس کرتی ہے۔
شفا بخش روشنی خارج ہوئی، ایک الہی اوتار

گلاب اور کنول کے گچھے جاگ اٹھتے ہیں۔
ہوا درختوں میں چھپ جاتی ہے، ہلا دیتی ہے
شرمیلی نوکرانی گھڑے کے ساتھ دریا بھرنے کے لیے آگے بڑھ رہی ہے۔
کسان اور چرواہے ہمیشہ کی طرح اپنے راستے پر،
تمام مخلوقات کو محنتی کورسز کو مشکل سے چلنا چاہیے۔
کیوں کہ راستے کو بے لگام، روشن انعام ہے۔

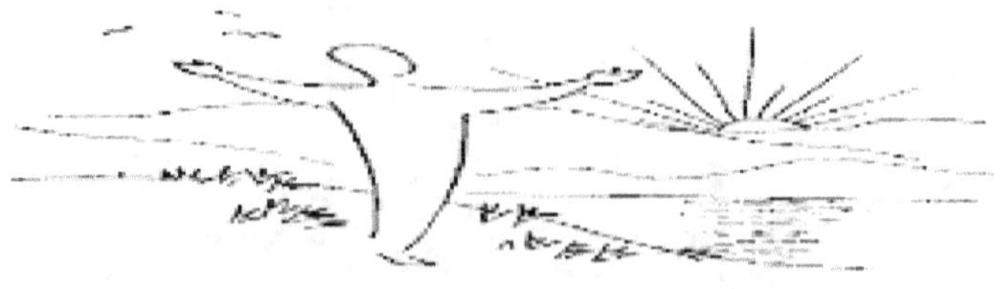

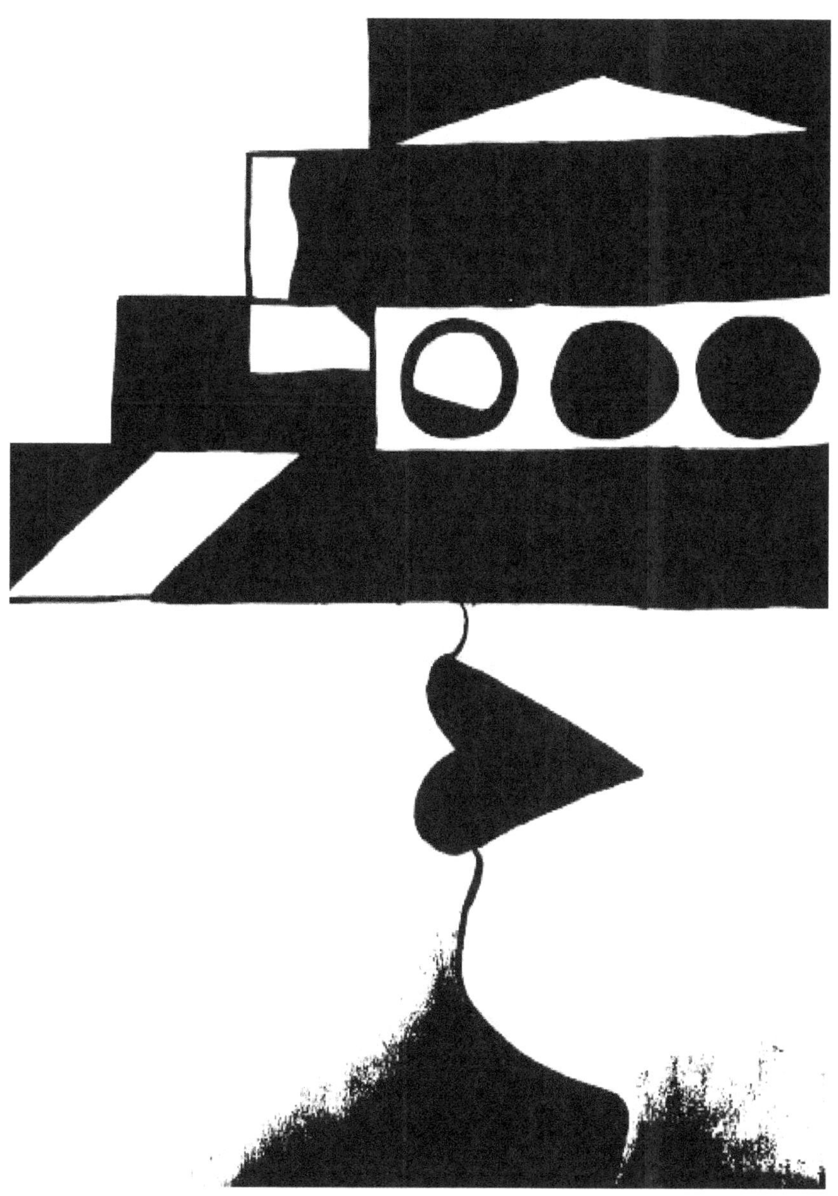

اُمید

جب ایک رات دن کو ختم کر دیتی ہے۔
جیسے ایک گناہ گار بادل اپنے سورج کو ڈھانپ لیتا ہے،
تمام گدگدی بندھن ختم ہو جاتے ہیں۔
ہر مجلس کو کھنڈر بنانا،
مایوسی ایک اداس اُلو کی طرح بیٹھی ہے۔
جب تقدیر ہماری دشمن بن جاتی ہے
بہت زیادہ روک دیا جسم پھنس
جھکے ہوئے سر اور جھکی ہوئی آنکھوں کے ساتھ روح،
اگر کوئی آپ کی روح کے قطرے کو نہیں روکتا،
پائپر امید میں یو ہو کہیں۔

تمام خزانے چھین سکتے ہیں۔
لیکن آپ کی امید کو نہیں چھین سکتے
ایک سو کائناتیں ڈول رہی ہیں۔
لیکن صرف تیرا دل ہی اس کا دائرہ بناتا ہے۔

امید پتنگ کی طرح اندر رہتی ہے۔
صرف گاتا ہے جب تم روتے ہو
اگر روشنی کی کمی ہے۔
تیرے صحن میں کھودی اس کی سونے کی کان،
ایک کالی رات کے بعد
دن کے وقفے حیرت انگیز طور پر صاف روشن
بہت اونچا نہیں، آسمان اونچا ہے۔
اور طوفانی بادل قریب ہیں۔
وہ آپ کو زبردست زوال کے لیے دباتے ہیں،
یاد رکھو جب امید گرتی ہے کوئی نہیں سنتا
ذخیرہ شدہ بربادی صاف ہونے کے اندر ہے۔

اگر امید ختم ہو جائے تو آپ قرض لے سکتے ہیں۔
یہ ڈرپوک دوست ہے اپنے خوف میں ظالم ہے
آپ کے دکھ کی اطلاع دینا، ایک نیا کل فراہم کرنا
ہر شاخ پھول لانے کا انتظار کرتی ہے۔
امید آپ کو دوسری بہار کا موقع دیتی ہے۔

اثر کے بعد

یہ کیوں ضروری ہے؟
روشنیوں کی ایک قطار جب ہم سونا چاہتے تھے۔
جب ہم خواب دیکھتے ہیں تو رنگین نیین فنتاسی،
نشہ ہماری سانسوں کو سست کرنے کی کوشش کرتا ہے۔
جب ہمیں مشقت کے ساتھ ہانپنا چاہئے۔

دو شخصیات کیوں ہیں؟
جب ہمارے سائے ہوں گے،
ہاں، وہ اسے ترقی کہتے ہیں یا ہو سکتا ہے۔
یہ خود تباہی کا دوسرا نام ہے۔

ہم جان بوجھ کر خود کو درمیان میں معطل کر دیتے ہیں۔
سمندر اور آسمان
جب ہمارے پاؤں کے نیچے زمین ہے
ہم مخالف کے پھل اگاتے ہیں۔
تھیسس کے جھوٹے درختوں پر
جبکہ ترکیب کی بھرپور زمین ہے۔

جیسا کہ ہم محسوس کرنے کے لیے بھیڑ کے درمیان کھڑے ہیں۔
خالی جگہ کی آسانی،
شاید ہم سرگوشیوں کو سن سکتے ہیں۔
ستاروں اور سیاروں کے ساتھ
انسانی آواز سے مردہ کان کے بعد ہی
سب اس فلکی پرہیزگار زندگی کا سفر کر رہے ہیں۔
جھوٹ کے پیکر سے ہر چہرہ بھرا ہے۔
اس کی اپنی موت کی جھریاں بہت دور ہیں۔

ہم تقدس کے لیے اربوں کی گنتی کرتے ہیں۔
گھنٹہ صرف ایک ہندسے میں
جیسا کہ ہمارے ضمیر سچے ہونے کی کوشش کرتے ہیں،
کیا یہ سمجھدار خالی پن ہے جبکہ؟
ہم خالص سراب پینے کے لئے چاہتے ہیں؟

ہر دل سیاہ ہندوستان کی سیاہی میں ڈوبا ہوا ہے۔
آسمان سیاہ دودھ پر نرسوں،
زمین اپنی حرکت سے کانپتی ہے،
جیسا کہ چانس، خوبصورتی اور یوتھ کے ساتھ
خوف کا بوجھ اور محنت اور کھیل کی امید

ایک شاعر بھی اس مخمصے کا حصہ ہے۔
کوئی نظم معمہ بن جائے تو
اگر کوئی نظم حل پیش نہیں کرتی۔
اسے مت پڑھیں اور نہ دیکھیں
یہ آپ کو اثر کے بعد کے اثر کی طرح متاثر کرے گا۔
ایک غلط تجویز کردہ دوا

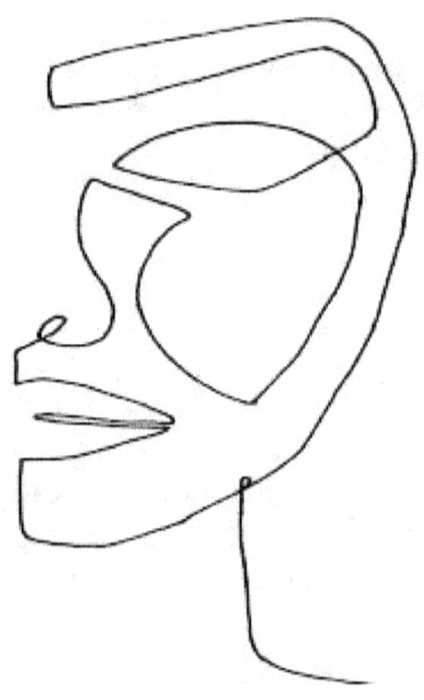

ڈی برانچ یا نہیں؟

کہتے ہیں دور جانا ہے لیکن
تخلیق کی ابتداء یہ ایک بڑا دھماکہ ہو۔
یا باغ کا پھل، جب وہ
پک چکے ہیں یا تیار ہیں، ان کی شاخیں کٹی ہوئی ہیں۔

لیکن میں ایک سادہ اتحاد کو ترجیح دیتا ہوں،
ایک الگ نہیں
کیونکہ برفانی تودے انتظار کر رہے ہیں۔
دور دور بھٹکنے والے
پھر آدھی زندگی مسح کر رہی ہے۔
دوسرا نصف صفائی کے لیے

جبکہ جانا عمل کا حصہ ہے،
یہ تقسیم یا کمی کیوں ہے؟
ایک حصہ الگ، ایک حصہ متحد
منتشر کیسے میٹھی کشش میں بدل جاتا ہے!

یہ ایک وائرلیس کنکشن ہے۔
مختلف سطحوں پر تعلقات کے ساتھ،
ہم زیادہ پیار کریں گے یا مکمل طور پر بھول جائیں گے۔
فاصلے ارتباط کی وضاحت کرتا ہے،
ملیں گے مگر بدقسمتی ہی کافی ہے
وقت کی پناہ،
یہ فائدہ یا نقصان کی بات نہیں ہے۔
جیسے خوشی جدائی کے غم کو جلا دیتی ہے۔

اندر کی آواز

جیسا کہ برائی اخلاقیات کا مالک ہے ،
جیسے رات ایک دن کی لکیر ہے ،
بادل سیاہ ہو سکتے ہیں - بھاری
لیکن صرف وہی بارش لا سکتے ہیں۔

جب ایمان روشن ہوتا ہے تو شکوک ڈھل جاتے ہیں
جب عقل بڑھتی ہے تو آنسو سکڑ جاتے ہیں۔
کیا موت سے آگے بھی کوئی زندگی ہے؟
کیا آسمان کے پار کوئی راستہ ہے؟

ہم گناہگار ہیں مگر معافی کے تابع
جب آپ کے لیے کوئی راستہ بند ہو جائے ،
دوسرا ہمیشہ پہلے سے موجود ہوتا ہے۔
جب آپ اندر سے آواز سنتے ہیں ،
اس کی روح کی پاکیزگی، اپنے آپ پر یقین

سورج کی توانائی سے لطف اٹھائیں۔

ماضی کے تاریک گوشوں میں
کیا موجودہ روشنی ڈالتا ہے؟
جب تیز دردناک حقیقتیں چٹکی بجاتی ہیں۔
کیا ماضی ہمیں راحت دیتا ہے؟
آنے والے کل کا سوچنا
آپ کو موروثی سے محروم کرنا،
دباؤ والی موجودہ زندگی کی نادیدہ چھوٹی چھوٹی خوشیاں

بصیرت کو فروغ دیں،
تمام عناصر کا لطف اٹھائیں
جبکہ وہ موجود ہیں،
سورج کی توانائی محسوس کریں جب یہ وہاں ہے۔
کیونکہ رات زیادہ پیچھے نہیں ہے
نئے پھولوں کی تلاش میں
اپنی جڑوں سے مت ہٹو،
ماضی پر ماتم نہ کریں اور نہ ہی کوشش کریں۔
مستقبل کیونکہ آج کا دن ہے۔

خوبصورتی :Beatitude

خوبصورتی برکت ہے، خوشی ہے۔
جب زندگی اپنے مقدس چہرے سے پردہ اٹھاتی ہے۔
کچھ نرم سرگوشیاں ہماری روح میں بولتی ہیں
ابدیت خود کو آئینے میں دیکھ رہی ہے،
یہ مختلف رنگوں کے خالص رنگوں کے ساتھ چمکتا ہے۔
یہ مشرق سے طلوع فجر کے ساتھ طلوع ہوگا،
پرواز میں ہمیشہ کے لئے فرشتوں کا ایک تالا

پرجوش خوبصورتی مرکز سے اترتی ہے۔
اور گمراہ دائرے سے، بالی امرت چمکتا ہے،
اس کا جادو سینے کو مائل کرتا ہے،
آؤ! جھاڑیوں کا ہوا دار گنبد دیکھیں،
جیسا کہ اس کا چشمہ جادوئی تھرل کی پیاس بجھاتا ہے۔

مجھے اب بھول جاؤ

جب میں آخری سانس لیتا ہوں،
میری قبر پر مت رو یا
ایک پتھر لکھو کیونکہ میں وہاں نہیں رہوں گا۔

موت قسمت کی غلام ہے
یہ کچھ نہیں کر سکتا تھا،
میں اپنا روپ بدلوں گا
میری راکھ ایک ہو جائے گی۔
زمین کی پرت،
میں اس کے ساتھ گھوموں گا
روزانہ کا راستہ اور زندہ رہنا
دوبارہ ہمیشہ کے لیے، ابدی میں بن جاتا ہوں۔

میرے لیے زندگی کا مطلب سب کچھ ہوگا۔
اس سے زیادہ اگر کبھی مطلب کچھ بھی ہو،
اب تم مجھے بھولنے کے متحمل ہو سکتے ہو۔

زمین میں اترنا

پیروں یا شکل سے موت،
ننگی ہڈی کے پاؤں کے نشان کو ٹریس کرنا مشکل ہے۔
زندگی کے آئینے میں اس کی تصویر دیکھو،
اس کی روح زندگی کے جسم میں سانس کھینچتی ہے۔

موت کیچڑ گوشت کا اندرونی حصہ ہے
جنازے کی چتا پر ٹرائل ماؤنٹ
جسم کے تانے بانے جلتے ہوئے محسوس کریں۔
آپ اس میں نہیں اتر رہے ہیں۔
زمین لیکن ابدی آسمان کی طرف بڑھ رہی ہے،
اور ایک قدیم پیدائش میں داخل ہونا

جیسے ہی سورج غروب ہوتا ہے، چاند طلوع ہوتا ہے۔

وہ اچھا بزرگ سال

وہ ضرورت سے زیادہ عمر رسیدہ سال
بستر مرگ پر پڑا،
ہمارے پچھلے راستے کا ساتھی۔
ہر ایک کی آرزو کے لئے ایک تیار کالر

اس کے دن کبھی چمکدار تھے۔
شام، ایک گلابی سنہرے بالوں والی،
جب اس کی امید بہت زیادہ تھی۔
اس نے خیالی بصری راتیں بنائی تھیں۔
کس طرح اس نے اپنا لبرل ہاتھ بڑھایا
اس کے پاس تمام خزانے؟

مجھے اپالو میں اس کے چھوٹے نشانات ملتے ہیں۔
یا غائب ہونے والی چاند کی روشنی،
جیسا کہ میں نے تمام تعریفیں کیں، جتنا بھی الزام لگایا جائے کم ہے۔
میں ہر لمحہ ماضی کے لیے خدا کا شکر ادا کرتا ہوں۔
آپ کے بروقت چبھن کے لئے آپ سے محبت کرتا ہوں،
اگر میں ناکام ہوں تو یہ سب میری مرضی ہے۔

اب میں اپنے لالچ اور جھگڑے سے بچ سکتا ہوں۔
جیسا کہ آپ نے مجھے پرسکون نیند سکھائی،
نئے سال کی صبح کے لیے جاگنا
فیصلے میں آواز، فضول خواہش سے خالی

کثرتیت کی یکسانیت

جیسے سورج کا سامنا کرنے کے لیے آنکھیں جھپکتی ہیں۔
ہوا کی کمی سے زندگی کانپتی ہے
پیدائش کبھی موت سے نہیں ملتی
جیسا کہ روح آزاد ہے لیکن پٹھوں سے جکڑی ہوئی ہے،
ایک قوت دوسری کی رہنمائی کرتی ہے،
دو قوتیں مل کر کام کرتی ہیں۔
لیکن وہ ایک جگہ پر موجود نہیں ہیں

مونزم ہماری زندگیوں کو ختم کر دیتا ہے۔
جیسا کہ ہم کچھ بھی نہیں کرتے، بالآخر زندہ رہتا ہے،
نہ کوئی ترقی نہ خامی، نہ کچھ شروع ہوتا ہے نہ ختم،
دنیا ایسی نہیں ہے دنیا اندھوں سے بھری ہے
کبھی ختم نہیں ہوا، دو بار ایک جیسا نہیں۔
کھوئے ہوئے جیسا کہ ہم رکھتے ہیں، ہمیشہ دوبارہ حاصل کرنے کے لیے

کمال ایک گرا ہوا پھل ہے۔
اس معنی اور معاملے کے درمیان،
ہماری خواہش ہے کہ وہ اعلیٰ ترین ریاست حاصل کریں۔
ہر ایک پیپرچر کو سفید رنگ کے نمونے کے ذریعے پلستر
تقسیم یا منتشر ہونے کی اجازت دینے سے عالمی انکار

اگر انسان خدا کا روپ ہے تو خدا ٹوٹ جاتا ہے۔
انسان انسان ہے کیونکہ وہ کبھی حیوان تھا
انسان ناراضگی کا دیوانہ ہے، وہ ڈھیٹ ہے۔
دنیا کے خلاف اچھی امیدوں یا برے خوابوں سے،
لیکن چیزوں کی خوشی سے آگاہ ہے اور
اس سے آگے جانے کی طاقت اور
وقت کی حد سے اوپر

***شكريم

If you like the book, Please let me know your thoughts on following Amazon links -

English Edition-
https://rb.gy/p2by9

Spanish Edition
https://rb.gy/6pex3

German Edition
https://rb.gy/4tgbo

Italian Edition
https://rb.gy/jzvb4

Portuguese Edition
https://rb.gy/9j786

Arabic Edition
https://rb.gy/0pv7z

French Edition
https://rb.gy/vq6yz

Chinese Edition
https://rb.gy/rcc8h